中国乡村振兴书系

中国乡村振兴
政策与理论热点评论
2023

张　琦◎著

研究阐释党的十九届六中全会精神

国家社科基金重大项目"伟大脱贫攻坚精神研究"（22ZDA091）阶段性成果

经济日报出版社

北　京

图书在版编目（CIP）数据

中国乡村振兴政策与理论热点评论. 2023 / 张琦著.
北京：经济日报出版社，2024.12.
ISBN 978-7-5196-1404-1

Ⅰ．F323

中国国家版本馆CIP数据核字第2024LX1407号

中国乡村振兴政策与理论热点评论2023

ZHONGGUO XIANGCUN ZHENXING ZHENGCE YU LILUN REDIAN PINGLUN 2023

张　琦　著

出版发行	：经济日报出版社
地　　址	：北京市西城区白纸坊东街2号院6号楼
邮　　编	：100054
经　　销	：全国各地新华书店
印　　刷	：三河市国英印务有限公司
开　　本	：710mm×1000mm　1/16
印　　张	：10.5
字　　数	：183千字
版　　次	：2024年12月第1版
印　　次	：2024年12月第1次
定　　价	：78.00元

本社网址：www.edpbook.com.cn　微信公众号：经济日报出版社
请选用正版图书，采购、销售盗版图书属违法行为
版权专有，盗版必究。本社法律顾问：北京天驰君泰律师事务所，张杰律师
举报信箱：zhangjie@tiantailaw.com　　举报电话：（010）63567684
本书如有印装质量问题，由我社事业发展中心负责调换，联系电话：（010）63538621

前　言

2023年，中央确定了建设中国式现代化和农业强国的新目标，也赋予了推进乡村全面振兴的新使命。如何承担并健康有效推进，需要理论工作者和实践工作者进行思考并深入研究探索。不仅要在政策上体现，更要有效有力地实施和推进，这就需要理论工作者进行深入的调查研究并提出有益的建议。

对此，2023年，围绕这一主题，我带领北京师范大学中国扶贫研究院和中国乡村振兴与发展研究中心的老师和研究生们，一方面从理论政策方面进行了深入的学习分析和研究，撰写和发表了一些学术性和政策性文章；另一方面，我也增加了深入农村进行调研的时间。一年来，先后到过浙江湖州、兰溪和义乌，福建三明和山东淄博，数次来到湖南株洲和湘西州等地，当然到脱贫地区的次数更多，包括河南南阳和安阳、河北尚义县、云南临沧、甘肃渭源和兰州、陕西杨凌和眉县，还有宁夏和新疆等地的市县，算起来还真不少。这些市县中不仅有脱贫地区，还有发达地区，让我们对我国不同区域、不同类型的乡村全面振兴发展现状、最新进展和变化有了更加全面的了解。在调研过程中，我们感触颇深，也撰写完成了很多调研报告。一年来，也陆续接受了中央电视台、人民日报、光明日报等媒体就乡村振兴最新政策和最新文件进行解读的采访和专题，完成了诸多杂志刊物约稿文章，等等。

这些文章汇集在一起，就形成了这本《中国乡村振兴政策与理论热点评论2023》。尽管这些文章并不能全方位体现我国乡村振兴全部成果，却汇集了我们作为研究者，一年来的部分研究成果，供读者参考和批评指正。

张　琦
2024年6月

目 录

第一部分 相关文章

由"输血"到"造血",为乡村振兴觅新路 ·················· 3
全面推进乡村振兴实现农业强国的路径研究 ················ 5
以农业社会化服务破解土地撂荒难题 ···················· 12
把乡村产业根系扎得更深更牢 ························ 22
因地制宜培育新产业新业态 ·························· 24
全面推进乡村振兴 加快建设农业强国 ··················· 26
高质量推进乡村振兴 走中国式现代化之路
　　——河南省新乡县翟坡镇东大阳堤村的创新实践和探索 ······ 30
全面推动乡村产业高质量发展 ························ 34
坚持绿色发展理念促进南阳产业集群高质量升级 ············· 36
千万工程:加快提升农村人居环境舒适度的新举措 ············ 40
新金融赋能乡村振兴:中国建设银行的实践 ··············· 44
上市公司如何助力乡村振兴高质量发展 ·················· 48
建设农业强国走中国式农业农村现代化之路
　　——积极打造高质量乡村振兴的齐鲁样板 ··············· 55

第二部分 论文成果

高质量乡村振兴的内在要义与提升对策 ·················· 67
高质量推进乡村人才振兴:内在要义、机遇挑战与对策建议 ······· 78
全面推进乡村振兴的人才基础
　　——关于乡村人才振兴的若干思考 ··················· 89
八八战略与新川模式
　　——中国式乡村现代化发展创新实践 ·················· 96

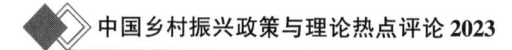

新时代高质量推进乡村振兴的新川模式
　　——中国式乡村现代化和共同富裕的村级示范 ………………… 102

附录　媒体报道

围绕实现乡村人才振兴做好人才培养工作
　　——接受《中国劳动保障报》采访 ……………………………… 141
农业强国建设之路，如何行稳致远？
　　——接受《光明日报》采访 ……………………………………… 142
新思想夯实大国粮仓
　　——接受《焦点访谈》采访 ……………………………………… 145
商业资本下乡后如何发挥好作用
　　——接受央广网采访 ……………………………………………… 146
建设回得去的家乡　书写看得见的未来
　　——接受《中国劳动保障报》采访 ……………………………… 149
第三届"一带一路"国际合作高峰论坛成果
　　——做客中央电视台新闻频道"携手向未来"特别节目 ……… 154
保障粮食安全
　　——接受中央电视台新闻频道采访 ……………………………… 157
如何实施新一轮千亿斤粮食产能提升行动
　　——接受央广网采访 ……………………………………………… 159

后记 …………………………………………………………………… 161

第一部分　相关文章

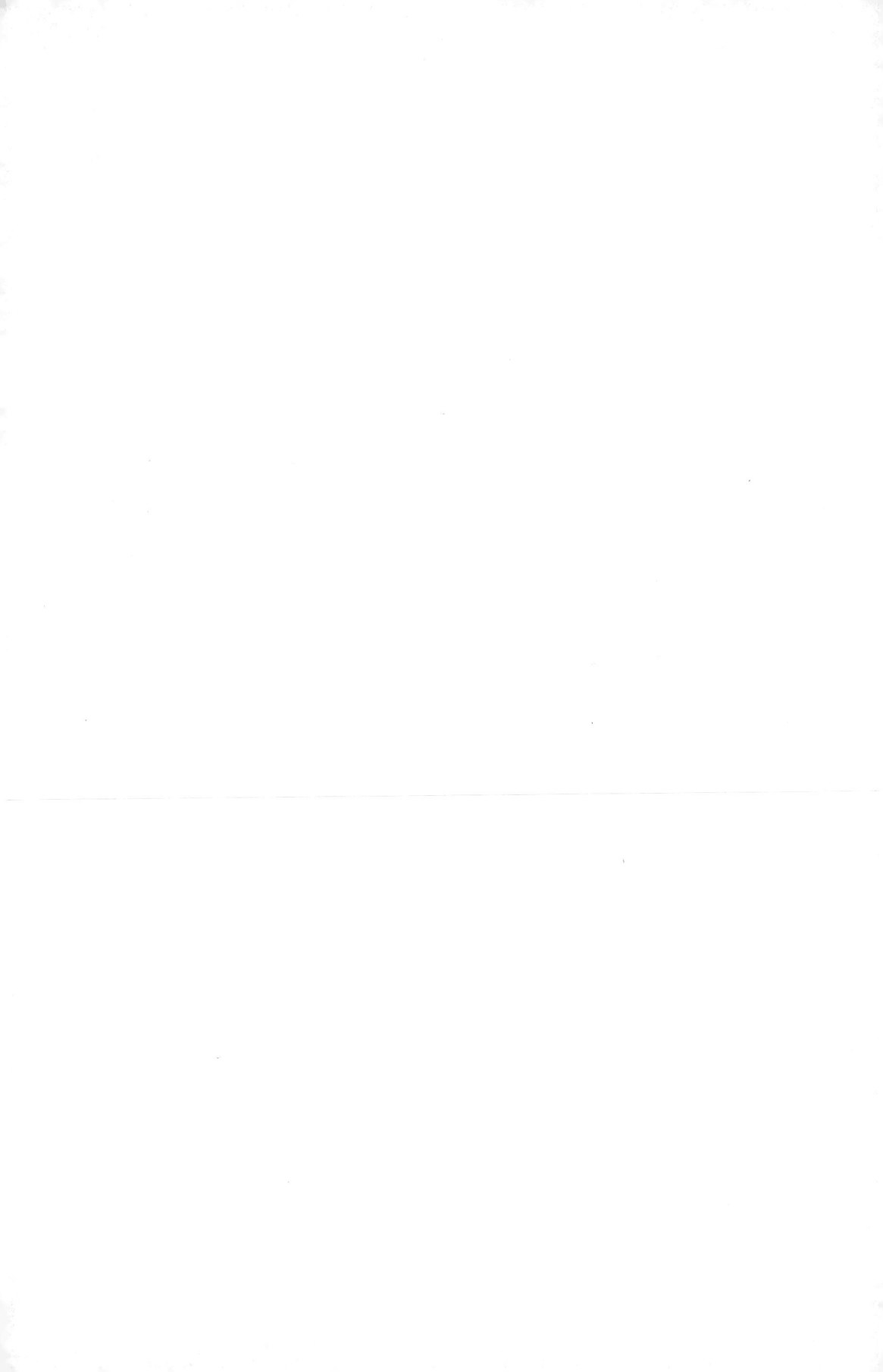

由"输血"到"造血",为乡村振兴觅新路

张 琦

乡村运营是以市场经济方式,通过对乡村有形和无形资产、内部和外部资源要素进行有效整合、重组、配置的一种经济活动,核心是经营,对象是乡村。它是适应新发展阶段的有效方式,在建设农业强国、高质量推进乡村振兴中,发挥着积极的促进作用。

乡村运营是高质量推进乡村振兴战略的新路径。乡村的生产、生活、生态价值是乡村发展的底色和基础,运营则是在此基础上,通过市场力量和方法挖掘乡村之美,激活山乡资源,变美丽乡村为富裕乡村、宜居宜业和美乡村。以浙江临安乡村运营实践为例,2017年年初,临安创造性地提出"村落景区"概念,在编制发布《村落景区临安标准》基础上,进一步提出"村落景区运营"概念,明确了乡村运营对象和主体,进而在2021年6月发布《乡村运营(村庄经营)导则》,成为全国首个乡村运营地方标准,为乡村运营有序有效开展奠定了良好基础。

乡村运营是实现产业升级和特色化、差异化发展的有效方式。乡村运营的最大优点就是根据村落特点,打造特色化、差异化的村落主题模式,从而实现独有的发展路径。比如,临安、汝阳、溧阳、雅安等地在乡村运营实践中,逐步探索形成了村集体出资源、市场出运营、政府出规则、"能人"出智慧、村民出力量的乡村振兴共同体,并针对性植入和升级产业,既有持续投资、打造完整的产业链,又有拉长产业链、拓展新市场,充分激活乡村发展的内在动力。

乡村运营的关键是体现整村化、系统化和协同化。通过对村庄资源和资产的节约集约利用,综合实现乡村物质资源价值、生态资产价值和经济增长价值以及资本价值的利用与转化,从而提升乡村有形和无形资产的综合价值。

尽管乡村运营在推进高质量乡村振兴中发挥了重要作用,但也存在一

些不足。例如，乡村运营过程中忽视农民主体作用。从各地实践看，乡村运营主体多集中在县乡层次，运营项目很容易出现"上热、中温、下冷"现象，农民积极性主动性不够，参与度不高；乡村运营中存在人才缺口。目前，乡村运营队伍水平参差不齐，高素质乡村运营人才缺口大，尚未形成成熟的、适宜乡村运营市场发展的人才队伍，严重影响了乡村运营的效果和示范作用；经营理念上存在旧有约束，经营能力上有一定短板。乡村运营中较容易出现两种现象：一是重建设轻运营的习惯范式；二是经营理念过于传统，缺乏现代化思维和高质量发展理念，在绿色发展、数字乡村建设等方面的把握能力不够。此外，经营主体欠缺专业化、科学化，市场经营能力不足等弊端也须加以重视。

破解乡村运营面对的难题，需从模式创新、机制创新和制度完善三方面入手。

在模式创新上，要注重从外部"输血"引导转向内生"造血"培育，做到因地制宜、量力而行。一方面，由项目带动为主转向人才带动为主，克服重输血轻造血、重项目轻带动的发展制约。另一方面，应结合不同地区"人、文、地、景"等运营要素、资源优势和市场需求，因地制宜进行深度挖掘，制定差异化、特色化的策略，发挥运营管理对乡村发展的乘数效应。在此过程中，须保持清醒、量力而行，避免一哄而上、盲目冒进。

在机制创新上，要注重从依赖政府主营转向更加注重利用市场机制，做到政府有为、市场有效。政府不再是运营的"主角"，但也不能因为专业运营商进村而置身事外、袖手旁观，而是要从"主营"变为"助营"，厘清与市场之间的权责划分，积极为乡村参与市场创造良好的制度环境，引导各方遵循规则、规范完善运营标准，助力乡村运营模式行稳致远。

在制度健全上，要注重巩固和完善利益联结机制，做到企业有利、农民有益、乡村治理有效。乡村运营是多主体参与价值共创、利益共享的一种协同合作模式，离不开紧密型利益联结机制的约束和保障。因此，必须坚持以"活农村资源、促集体增收、富农民口袋"为核心，在保障农民受益的前提下兼顾企业盈利。与此同时，还要处理好乡村运营与乡村治理之间的关系。乡村运营团队须围绕治理和运营之间的协同关系，准确把握乡村运营方向，融合多方利益，推进乡村运营与乡村治理协同，推动乡村运营稳步发展，助力乡村治理效能提升。

(来源：《光明日报》 2023年2月20日)

全面推进乡村振兴
实现农业强国的路径研究

张 琦 万 君

中国要富强，农业必须强。农业强国是社会主义现代化强国的根基。党的二十大报告强调，要加快建设农业强国，扎实推动乡村产业、人才、文化、生态、组织振兴。2022年12月，习近平总书记在中央农村工作会议上强调，全面推进乡村振兴、加快建设农业强国，是党中央着眼全面建成社会主义现代化强国作出的战略部署。2023年的中央一号文件，全面贯彻党的二十大和中央经济工作会议、中央农村工作会议精神，聚焦全面推进乡村振兴主题，锚定建设农业强国目标，是以全面乡村振兴加快建设农业强国的具有里程碑意义的文件。

全面推进乡村振兴是农业强国的重要任务

习近平总书记在中央农村工作会议上发表重要讲话强调，强国必先强农，农强方能国强。没有农业强国就没有整个现代化强国；没有农业农村现代化，社会主义现代化就是不全面的。2023年是贯彻落实党的二十大精神的开局之年，也是建设中国特色现代化农业强国的起步之年，这就要求我们要在新的历史起点认识和把握乡村振兴的历史定位，充分认识全面推进乡村振兴是新时代建设农业强国的重要任务。

首先，乡村振兴是开启全面建设社会主义现代化国家新征程的重大战略举措，是全面建成社会主义现代化强国、实现第二个百年奋斗目标的重要组成部分，是以中国式现代化全面推进中华民族伟大复兴的重要体现。

其次，乡村振兴是实现农业强国的重要任务和根基。只有全面推进乡村振兴，各类要素持续向农村农业农民倾斜，才能实现农业强、农村美、农民富的目标，才能建设社会主义现代化农业强国。

再次，农业强国需要实现物质文明和精神文明协调发展，乡村振兴既要塑形，也要铸魂。文化振兴是乡村振兴的魂，乡村振兴是物质和精神共同提升。

最后，农业强国需要人与自然和谐共生，因此，乡村振兴要坚持绿水青山就是金山银山的理念，坚持人与生态共生。另外，全面推进乡村振兴，加快建设农业强国要凸显中国特色。

2023年的中央一号文件充分体现了中国式现代化道路是乡村振兴战略和建设农业强国的根本遵循，重点强调了抓紧抓好粮食和重要农产品稳产保供、加强农业基础设施建设、强化农业科技和装备支撑、巩固拓展脱贫攻坚成果、推动乡村产业高质量发展、拓宽农民增收致富渠道、扎实推进宜居宜业和美乡村建设、健全党组织领导的乡村治理体系、强化政策保障和体制机制创新等九个方面的内容。这九个方面的内容，全部锚定乡村振兴的总体目标，立足中国农业农村当前阶段的发展特征，做出精准部署。

高质量推进乡村全面振兴的新机遇新挑战

1. 农业农村伟大成就夯实了乡村全面振兴坚实物质基础。党的十八大以来，农业农村发展取得了历史性成就，这为全面推进乡村振兴建设农业强国夯实了坚强基础。十年来，我们打赢了人类历史上规模最大的脱贫攻坚战，历史性地解决了绝对贫困问题。粮食和重要农产品供给稳定，保障国家粮食安全的基础愈加稳固，农业农村部数据显示，2021年谷物总产量稳居世界首位，人均粮食占有量达到483公斤，高于国际公认的400公斤粮食安全线，做到了谷物基本自给、口粮绝对安全，牢牢端稳中国人的饭碗。农村改革全面深化，乡村发展释放新动能。农村土地制度改革扎实推进，农村集体产权制度改革阶段性任务基本完成，新型农业经营体系加快构建，强农惠农富农政策制度进一步健全，农产品价格形成机制和市场调控制度进一步完善。乡村振兴开局良好，农村面貌焕发新气象。经过十年砥砺耕耘，2022年农村居民人均可支配收入首次迈上2万元大台阶，较2012年翻了一番多。

十年来的农业农村领域伟大成就表明，以习近平同志为核心的党中央驰而不息重农强农的战略决策完全正确。中国特色的乡村振兴道路，既符合农村发展普遍规律也符合中国农业农村的实际情况，能够带领我国实现乡村全面振兴，进而实现农业强国的目标。

2. 农业强国战略为全面乡村振兴提出了新目标新要求新机遇。一是农业农村优先发展战略为乡村振兴获得持续投入提供保障。"坚持农业农村优先发展总方针"是以习近平同志为核心的党中央从党和国家事业发展全局出发，作出的重要决策。近几年中央一号文件、《中华人民共和国国民经济和社会发展第十四个五年规划和2035年远景目标纲要》《中华人民共和国乡村振兴促进法》以不同形式强调和明确了要强化农业农村优先发展，要加强乡村振兴政策、资金、人才的持续供给，这为乡村振兴提供了强有力的保障支持。例如，中央财政衔接推进乡村振兴补助资金在达到千亿元规模的基础上持续增加，农业农村部数据显示，2022年衔接资金规模已经达到1650亿元，同口径较2021年增加84.76亿元，增长5.4%，为推动乡村高质量发展提供资金保障。

二是新发展理念为高质量推动乡村振兴、建设农业强国提供行动指南。农业大国并不等于农业强国，农业强国强在内涵。高质量发展是农业强国的首要任务，也是全面推进乡村振兴的首要任务。乡村振兴高质量推进意味着在实现产业、人才、文化、生态和组织五大振兴过程中，要打破原有路径依赖，变革现有农业农村生产生活方式。当前，我国已经进入全面推进乡村振兴、加快建设农业强国的新阶段，创新、协调、绿色、开放、共享的新发展理念，已经为全面乡村振兴提供了行动指南，擘画了高质量实现农业强国的壮美画卷。例如，通过实现"双碳"目标，推动乡村产业结构调整、构建新型绿色人才体系，进而推动农业农村绿色发展，就能实现乡村生态振兴。

三是全党全社会持续对农村的关心关注，为高质量推动乡村振兴加快建设农业强国创造了良好的社会氛围。党的十八大以来，坚持把解决好"三农"问题作为全党工作的重中之重，通过不懈努力，特别在"上下同心、尽锐出战、精准务实、开拓创新、攻坚克难、不负人民"的伟大脱贫攻坚精神的指引下，打赢脱贫攻坚战，形成和彰显了在全社会形成关注农业、关心农村、关爱农民的浓厚氛围。乡村振兴成为全党全社会的共同行动，为建设农业强国营造了良好的社会氛围。

3. 全面推进乡村振兴加快建设农业强国面临的五大新挑战。一是当前我国基本农情较为复杂，导致全面推进乡村振兴加快建设农业强国具有长期性、复杂性、艰巨性的特征。"大国小农"的基本国情与农业农村现代化过程的多样性互为交织，二者共同作用导致我国目前面临的农情越发复杂。根据第三次农业普查数据显示，我国小农户数量占农业经营主体98%以上，小农户从业人员占农业从业人员90%，小农户经营耕地面积占总耕地面积的70%，全国有2.3亿户农户，户均经营规模7.8亩。这一方面导致我国农民现代化呈现多样性；另一方面导致农民现代化的复杂性、长期性和艰巨性。

二是财政收入增速下降的压力，给高质量推动乡村振兴带来挑战。财政部数据显示，2017年至2021年，我国财政收入年均增长率为4%，显著低于2013年至2017年平均增长率7.5%的水平。同期，国家财政农林水事务支出占财政总支出的比例由9.3%上升至9.7%。"十三五"期间，我国用于巩固提高粮食生产能力的财政支出年均增长8.67%，农业防灾救灾减灾财政支出年均增长5.18%，农作物秸秆综合利用、水土保持等农业绿色发展转型财政支出年均增长5.45%。"十三五"期末，我国用于建设美丽乡村的财政投入达到51亿元，年均增长14.72%；用于扶持壮大村集体经济的财政投入达到75亿元，年均增长22.78%。村级公益事业建设投入虽有减少，但仍维持在150亿元以上。在财政收入增速放缓下，如何保持乡村建设和农村综合改革财政投入的增长，成为高质量推进乡村振兴所必须面临的挑战。

三是经济增速放缓带来的农业农村投资增速放缓和农民就业增收压力增大等挑战。国家统计局数据显示，党的十八大以来，农民收入持续较快增长，2019年提前一年实现收入较2010年翻一番的目标，2022年农民人均可支配收入首次突破2万元大台阶。但当前农民收入增速有所放缓，增收动能有所减弱，增速从2012年的10.7%下降至2019年的6.2%，受疫情影响2020年增速降至3.8%。

四是拓展巩固脱贫攻坚成果仍然存在隐形风险。总体来看，务工收入约占脱贫人口家庭收入的55%，是巩固脱贫攻坚成果的重中之重。近两年，全国外来户籍人口（主要是农民工）城镇调查失业率在6%左右浮动，考虑到全国外出务工脱贫劳动力大约为3000万人，若按照此失业率计算，仍有200余万脱贫劳动力存在失业返贫风险。

五是国际环境对粮食安全和农村经济等乡村振兴重点领域带来持续压力。一方面，国际地缘经济政治冲突和逆全球化对全球粮食安全形成冲击，守住粮食安全底线目标的任务更加艰巨。近年来，国际地缘经济政治冲突愈演愈烈，我国粮食进口供应链风险不断提升，在不同程度上对我国粮食安全形成冲击；另一方面，中美经贸关系所面临的不确定性仍然存在，对我国宏观经济和农村经济健康发展带来持续压力。

全面推进乡村振兴实现农业强国的路径

全面建成社会主义现代化强国，最艰巨最繁重的任务依然在农村。解决好发展不平衡不充分问题，重点难点在"三农"。我们要以党的二十大精神为指引，以中央一号文件为指针，坚持农业农村优先发展，巩固拓展脱贫成果，促进农业农村高质量发展，继续推进乡村全面振兴，加快实现农业强国。

1. 建设农业强国的首要任务是全方位夯实粮食安全根基。高质量推进乡村振兴，建设农业强国的首要任务就是要保障国家粮食安全，必须全方位夯实粮食安全根基，牢牢守住18亿亩耕地红线，确保中国人的饭碗牢牢端在自己手中。一是要继续强化现代农业基础支撑，深入落实"两藏"战略。强化落实"长牙齿"的耕地保护硬措施，坚决守住18亿亩耕地红线。打好种业翻身仗，推进种源等农业关键核心技术攻关，筑牢农业现代化基础。同时，继续加大农业防灾减灾救灾能力建设和投入力度，提高现代农业自然灾害治理能力。二是坚定推进粮食进口来源多元化。强化与主要进口来源国农业合作，推进双边或多边合作机制建设，建立稳定持续的农业合作关系。引导粮食企业有序"走出去"，用好两个市场、两种资源，推动内外联动、产销衔接。三是完善粮食收益保障，合理保障农民种粮收益。发挥好社会化服务组织作用，加大农资直供力度，降低农资成本。提高农资临时补贴标准，对冲农资价格上涨带来的种粮收益下降。适当提高稻谷、小麦最低收购价，保障种地农民最低收益，让高质量发展成果惠及农民。

2. 全面推进乡村振兴建设农业强国的底线任务是持续巩固拓展脱贫成果，确保不发生规模性返贫。今年是巩固拓展脱贫成果的关键一年，是过渡期承前启后的一年。高质量推进乡村振兴，必须巩固脱贫成果，牢牢守住不发生规模性返贫的底线。一是继续把增加脱贫群众收入作为根本措施，不断缩小群体间收入差距。把促进脱贫县加快发展作为主攻方向，不断缩小区域间发展差距；二是不断实现"三大转变"，把工作对象转向所有农村居民，把工作任务转向推进乡村的"五大振兴"，把工作举措转向促进农村发展；三是在巩固拓展脱贫成果中促进与乡村振兴衔接。

3. 统筹扎实推动乡村产业、人才、文化、生态、组织振兴，为农业强国提供全方位支撑。一是扎实推动产业振兴。多举措推动乡村产业提质增效，延长乡村产业链条，提升产品附加值，强化品牌建设。强化乡村产业振兴的人才、技术、市场、土地等要素保障。补齐产业基础设施短板。完善利益联结机制，强化联农带农作用。二是扎实推动乡村人才振兴。党的二十大报告指出"人才是第一资源"，乡村振兴也离不开乡村人才。因此，需要强化对人才的优惠和扶持政策，强化涉农人才培养，发挥高校力量，不断形成各类人才支持乡村振兴的格局。三是扎实推动文化振兴。党的二十大报告指出"要推进文化自信自强，铸就社会主义文化新辉煌"。乡村文化振兴要不断挖掘文明乡风中的优秀传统文化，促进形成道德约束机制，不断弘扬社会主义核心价值观，以乡村文化振兴为契机形成新时代社会主义文化新辉煌。四是扎实推动生态振兴。走生态优先、绿色发展之路，以生态振兴促进乡村宜业宜居，推进农业农村绿色发展，实现生态保护与经济发展双赢。五是扎实推动组织振兴。加强农村基层组织建设，加强领导、建强队伍，把基层党组织建设成为兼具政治领导力、思想引领力、群众组织力的乡村振兴战斗堡垒。完善乡村治理体系，稳步提升基层综合治理能力。创新农村精神文明建设有效平台载体，推进善治乡村建设，展现中国特色社会主义乡风文明。切实维护农村社会平安稳定，确保脱贫地区长治久安。

4. 牢固树立和践行绿水青山就是金山银山的理念，站在人与自然和谐共生的高度谋划乡村振兴，是持续推进高质量实现农业强国的新发展理念核心。绿水青山既是自然财富，又是社会财富、经济财富。保护生态环境就是保护生产力，改善生态环境就是发展生产力。一是打破乡村生态高质量振兴的"资源诅咒"，实现资源利用效率与产地环境质量双面提升；二是解决乡村生态高质量振兴的突出矛盾，建立健全农村生态治理的政策支持体系和保障发展机制；三是完善乡村生态高质量振兴的产业体系，高效持续推动质量兴农绿色兴农；四是改善乡村生态高质量振兴的人居环境，全面有序推动美丽宜居乡村升级建设；五是挖掘乡村生态高质量振兴的固碳潜力，把碳达峰、碳中和纳入生态文明建设整体布局；六是促进乡村生态高质量振兴的融合共振、"绿水青山"与"金山银山"的协同发展。

5. 继续坚持农业农村优先发展，不断强化乡村振兴农业强国的政策制度保障。一是坚决落实农业农村优先发展总方针。始终把农业农村作为一般公共预算优先保障领域，优先保障"三农"资金投入，公共财政更大力度向高质量推进农业农村现代化倾斜，落实提高土地出让收益用于农业农村比例考核办法。二是调整优化财政资金分配方式和使用范围。提升用于支持乡村现代产业建设的投入比例，重点支持联农带农富农产业发展。以"新基建"为契机，面向农业农村高质量发展，加大乡村新型基础设施建设财政支持力度。合理确定财政资金支持乡村建设规模，稳妥推进乡村建设。三是发挥好财政资金杠杆作用，撬动社会资本参与乡村振兴高质量发展。根据乡村高质量发展需要，创新财政投入方式，通过政府与社会资本合作等方式引导社会资本有序进入农业农村，支持社会资本多办链条长、农民参与度高、受益面广的产业，把就业岗位更多留给农民。探索完善财政奖补机制，以财政支持、贴息政策和配套项目投入等综合奖补举措提升社会资本参与乡村振兴吸引力。

6. 立足中国农情，走中国式乡村振兴和农业强国道路，需要不断推进城乡融合和区域协调发展。城乡融合程度是检验乡村振兴水平的重要标准，把乡村振兴工作统一到城乡融合中来，不断促进城乡融合水平提升。一是要强化规划引领作用，系统推动城乡融合发展；二是合理推动不同等级层次和功能定位的城市和城镇促进城乡融合；三是以"三块地"改革为核心，实现城乡要素流动基本实现自由化；四是以提质增效和城乡共同体理念为抓手，实现城乡公共服务基本实现均等化；五是以城乡产业双向链接互促为机制，实现产业融合程度更高更多元；六是以工资性收入为重点、优化收入结构为策略，推动城乡收入差距进一步缩小。

（来源：《金融时报》 2023 年 3 月 6 日）

以农业社会化服务破解土地撂荒难题

张 琦 张艳荣

关于"全面推进乡村振兴",党的二十大报告强调:"巩固和完善农村基本经营制度,发展新型农村集体经济,发展新型农业经营主体和社会化服务,发展农业适度规模经营。"随着我国脱贫攻坚战取得全面胜利,扎实推进共同富裕、加快推动农业农村现代化已经成为现阶段我国"三农"工作的重要内容之一。自改革开放以来,我国面临农村劳动力不断向城市转移和农村土地撂荒的问题,人地矛盾越发突出,影响了我国农业现代化的发展进程,"谁来种地""怎样种地"成为时代隐忧。实践证明,"农业社会化服务"有助于解决这一难题。农业社会化服务组织通过代理耕、防、种、收等农业环节或全部环节,促使农民借助外部力量有效弥补内部资源不足,一定程度上解决了"土地不愿种、种不好"的问题,减少了土地撂荒、粗放管理、耕地"非粮化"等现象,既保证了耕地的投入产出率,又提升了农户农业生产经营效率。

要解决"谁来种地""怎样种地"的难题,归根结底是解决好"愿不愿意种地""什么人来种地"以及"能不能种好地"的问题。随着我国农村土地"三权分置"政策的推行("三权分置"是指农村土地集体所有权、农户承包权、土地经营权"三权"分置并行。改革开放之初实行家庭联产承包责任制,所有权归集体,承包经营权归农户,称为"两权分离"。现在将土地承包经营权再分为承包权和经营权,形成所有权、承包权、经营权"三权分置"格局)村集体经济组织、合作社等农业社会化服务组织得到了进一步发展,逐步成为推动现代农业发展的主力军。截至2021年年底,全国已有各类农业社会化服务组织90余万个,服务面积超过16亿亩次,带动小农户超过8900万户。其中,合作社达到220万个,是农业社会化服务组织的主要力量,服务的小农户数量占比最多;农村集体经济组织主要承担"桥梁"作用,负责联结小农户与各类服务组织,实现服务规模化;专业服务公司具有服务范围广、专业化程度高和服务经营收入高的特征，且有靠近小农户的优势，其为周边小农户提供农业服务，有效弥补了其他农业社会化服务组织的不足。发展农业社会化服务，是解决农业科技服务"最后一公里"问题、延长农业产业链条、提高农业综合效益，促进农民持续增收，推进农业现代化发展的需要；是转变农业发展方式，推进农业供给侧结构性改革的有效抓手；是解决小农分散经营效益不佳、突破落后地区农业发展瓶颈的有效途径。发展农业社会化服务对于实现我国农业农村现代化有着重要意义。

"谁来种地""怎样种地"是亟待解决的时代课题

对于很多农民而言，耕田种地获得的经济效益并不高，付出的机会成本却很高，越来越多的农村青壮年劳动力选择外出打工获得收入。农户作为价格的被动接受者，土地增产不增收的现象或许并不新奇，其背后的原因是多方面的。一是种地经营成本不断上升，经济效益低。根据国家发改委网站数据，农业复合肥价格从2015年的2842元/吨上涨到了2022年的3455元/吨，增长了17.7%，每亩农产品成本较2021年增加了55元之多。二是非农务工收入不断增长。农民工监测调查报告显示：农民工月平均收入由2015年的3072元上涨到了2021年的4432元，农村青壮年种地的机会成本较高，务工市场挤出的"超龄"农民成为种地的主力军。

一些地方统分经营运行不畅，农业社会化服务组织中的村集体经济组织功能作用发挥不足，引发"很难种好地"的问题。在以家庭承包经营为基础、统分结合的双层经营体制下，"分"得充分、"统"得不够现象突出。一些地方村集体经济组织"统"的能力不强，导致小农户生产经营成本偏高、耕地"非粮化"等现象产生，这与村集体经济组织"统"的职能缺位不无关系。一是村集体经济组织土地监管不足。土地抛荒，耕地"非农化"，基本农田"非粮化"，村集体经济组织不关心、不过问，权责不匹配，造成事实上的监管缺位。二是村集体经济组织服务小农户程度不足。家家包地、户户务农。是我国农村基本经营制度的实现形式。在家庭联产承包责任制下，如果没有"联"或"联"不好，"产"的效益也不会好，由此产生"农户不愿种地"的困境。

一些地方土地生产激励约束机制不健全，导致种地积极性不高。资源禀赋与政治经济制度相互作用，共同决定资源配置和利用效率。当前我国农村销售农产品格局是市场调节和政府调节共同作用的结果。对农产品生产大县激励不足，容易导致地方积极性不高。在现行耕地政策框架下，农产品生产对地方财政贡献率较低，农产品生产大县一旦缺乏足够的财政奖补激励，易出现"主产穷省""高产穷县"的怪象，主产区和主销区、产销平衡区之间缺乏合理利益补偿机制，导致主产区农民种地积极性受挫。

农业社会化服务能够有效解决因农村兼业化、老龄化、空心化造成的"谁来种地""怎样种地"难题

农业社会化服务作为市场分工的产物，可以充当知识资本、人力资本和技术资本与小农户之间的纽带，缓解农户面临的劳动力不足、资本匮乏和技术约束，有助于解决"谁来种地""怎样种地"难题。在"十四五"期间，如何实现小农户与农业现代化的有效衔接，从而解决农民"不愿种地、种不好地"的难题？通过加快农村三产融合，促进农业产前、产中、产后各环节发展，建立健全覆盖面更广和效率更高的农业社会化服务体系是解决这一问题的答案之一。

农业社会化服务有助于减少土地撂荒现象，实现高效农业

随着我国城镇化和工业化不断发展，农村地区开始面临劳动力流失和老龄化的双重危机，产生了土地撂荒现象，导致我国耕地资源利用不恰当、不充分，农业生产效率下降，对我国粮食安全造成影响。导致撂荒的原因可主要总结为以下两类：一类是人为因素。此前，一些地区的农村人口为了扩大家庭收入，盲目开垦了很多肥力较差、面积较小、地块分散、基础设施不完善的贫瘠土地，后又因没有合理增加土壤肥力，导致耕种收益不佳而撂荒；另一类是市场因素。农户是农业生产的主要经营主体，但由于信息不对称和配套产业流程设备不健全等因素影响，农户无法获得与其劳动相匹配的报酬，从事农业生产经营缺乏动力，使得耕地进一步被撂荒。上述两个因素又可归结为：撂荒主要是由种田不划算或者田不好种所导致的。实践表明，农业社会化服务组织能够减少农户撂荒行为，其作用路径可分为以下两点：

一是降低农业生产成本，提高农户的盈利能力，让"种田划算"。农户缺乏对农业生产资料、农产品等要素的议价能力，对接市场并不容易，开展农业社会化服务之后，可使农民获取外部信息和资源的搜寻成本下

降，农民也可委托农业社会化服务组织进行代耕代种、联耕联收、预防和治理病虫害、统育统供秧苗等，将土地与机械化作业、分散经营与统一管理结合起来，通过标准化、规模化种植、品牌建设等过程，农产品销售价格有所提高，农民获得了更多的经营性收入，且农业社会化服务组织通过耕、种、管、收的"保姆式"托管使得农业机械配备和使用更加合理，提高了农业生产的机械化率，解决了"种地难"的问题，增加了农户对土地的需求，降低了其对土地的转出意愿，改变了农户务农和打工"两头忙"的现状，使不少愿意务工的农户从农业生产经营中解放出来，使兼业农户也能获得更多工资性收入，助推了工业化城镇化的发展。

二是提高农业生产效率，让"田好种"。20世纪80年代，我国实施的家庭联产承包责任制激发了农户的生产积极性，促进了农业发展。但随着社会的不断发展，这种经营制度的缺陷逐渐显露，在一定程度上使我国耕地碎片化，农业生产以户的形式存在，很难实现统一化规模化种植，管理难度不断加大，农户农业生产经营成本不断增加。农业社会化服务组织通过全过程托管或者部分托管，帮助农民实现了"田好种"。2017年，我国就设立了支持农业托管的农业社会化服务专项财政资金，到2020年，专项财政资金达到45亿元，全国实施省份达到了29个。财政部数据显示，实施省份全过程托管服务促使小麦每年每亩共增收356.05元，其中每亩节本增收270.43元，每亩增产提质增收85.62元；玉米每年每亩共增收388.84元，其中每亩节本增收296.98元，每亩增产提质增收91.86元，同时农户每亩农业生产成本节约350~390元，切实提高了农民种粮的积极性，缓解了因农村老龄化、空心化和兼业化造成的"谁来种地""怎样种地"的难题。

农业社会化服务促进农户规模经营行为，提供资金支持，实现规模农业，降低农业经营风险受小农经济的影响和制约，我国农户经营分散、组织化程度低，解决这一问题最根本的途径就是在不流转土地的情况下，将农户在农业生产经营中的服务需求集中起来，交由专门的农业社会化服务组织，其通过提供资金支持和专业服务，让农户生产真正步入到现代生产之中，促进农业规模经营发展和降低经营风险，实现产业项目的提质增效、保值增值，提升农业综合生产能力。

一是促进农业规模经营发展。农民不愿意耕作或者没能力耕作者可将土地委托给专业合作社或农村集体经济组织进行统一耕作，实现了小农基础上的农业规模化和集约化经营，有效避免了土地撂荒问题。同时，农业社会化服务组织通过将小农户进行联合，集中采购农业生产资料，改变了一家一户的小农生产方式，实现了土地与劳动力、资金、技术等要素的有效结合，推动了土地适度规模经营，提高了土地产出效率和利用效率，提高了农业生产组织化的程度。二是提供资金支持。在农户的农业规模经营中，资金的多少很大程度上决定了生产经营的规模。现阶段受到多重因素的影响，农户家庭仅靠农业发展获得的收入有限，又缺乏高估值的抵押物，银行不愿为其办理贷款，因而在扩大土地规模经营方面受到资金匮乏问题困扰，但通过农民合作社、村集体等农业社会化服务组织的帮助，农户可以获得农业企业农资赊销和一定的优惠政策，缓解农户单个经营面临的资金压力。三是降低农业经营风险。农业经营的风险主要来自三个方面，即自然风险、市场风险、技术风险，这些风险会伴随着农业经营规模的扩大而增大，而农业社会化服务组织能够帮助农户降低经营风险。一方面，农业社会化服务组织拥有更强的抵御干旱、水涝等自然灾害的能力；另一方面，农业社会化服务组织可以与市场需求之间形成信息对称，通过与农户签订农业协议，以稳定价格收购农产品，解决其农产品价格低、销售难的问题，增强农户扩大农业生产规模的能力与信心，降低市场风险。此外，农业社会化服务组织有一定的专业性。可使农户得到专业的技术指导，合理安排施肥配比、水分光照等影响农产品减产的因素，降低技术风险。

民族地区农业社会化服务的实践模式和案例分析

为从实践层面更好验证前文相关理论，本文选取较有代表性的案例进行分析，说明农业社会化服务是如何使各类组织之间相互衔接，促进贫困地区农业发展和农村商品经济发展，助力乡村振兴，解决"谁来种地""怎么种地"难题。

实践模式一：广西壮族自治区东兰县"农户+公司+村集体经济组织"模式。

东兰县地处滇桂黔石漠化片区，土地资源分散且可利用程度比较低，可利用资源较少、发展经验不足、缺少技术指导的问题导致了很多乡村的农业社会化服务组织难以形成规模、进展缓慢。近年来，农业社会化服务组织在"党建引领、产业带动"发展理念的带动下，建立了"农户+公司+村集体经济组织"模式，农户可与本村的村集体经济专业合作社合作。充分利用闲置鸡舍、旧房校舍等场地，群众自筹菌棒费，由所在乡镇人民政府统一收集自筹资金并与企业购买菌棒后投放到本村村集体经济专业合作社,并与合作社签订委托代栽培管护协议书,委托村集体经济专业合作社代栽培管护,农户可以根据购买菌棒的数量获得每袋棒1.4元的补助,在成熟后一次性发放补助不超过1万元切实增加了村集体经济收入,土地实现了规模化、集约化经营,解决了"谁来种地""怎样种地"的难题。

该模式有助于实现农户规模经营和就业。目前,东兰县食用菌已经实现了统一生产技术规程、统一农资物品供应、统一产品质量、统一品牌包装、统一市场销售的发展流程。村集体资产闲置率由2016年的将近70%降低到了2020年的不到10%。此外,合作社通过产业带动的方法在全县已建成132个车间大棚,车间投产后可日产菌棒3万棒,年产食用菌240万公斤,年产值将达1.2亿元,带动了该县98个行政村近2万人在家门口实现就业,但在合作过程中可能会出现农民不履约现象。如当市场价高于收购价,一些农户会将质量好的食用菌销往市场,而将质量差的交售合作社,从而导致合作社的经济利益受损,双方产生信任危机,但这些问题也在不断优化解决。

实践模式二:青海省称多县"党组织+合作社+牧户"模式。

称多县是青海省农牧结合贫困帮扶县之一。产业发展较为单一,在党组织的引导下,称多县探索出了一条适合本地发展的模式:即通过"党组织+合作社+牧户"的模式发展生态畜牧业。在当地党组织的带领下,牧民按生羊、草场、劳动力及资金等生产资料入股合作社,合作社为牧民提供畜牧养殖、产品经销等服务。牧民通过入股合作社,实现自主脱贫和就业脱贫的同时在合作社的放牧工作中,牧民也学到了最先进、最科学、最符合地区生产条件的放牧技能和养殖技术,完成了从一般牧户代牧向能人带动转变;合作社通过牧民的加入,实现了牲畜、耕地和草场等生产资料的完全整合,实现规模化集中经营,逐步探索出了股份合作制、联户制、代牧制、租赁制和多种类型集于一身的混合经营模式。

该模式提升了农户抵御自然灾害和资源利用率。数据显示,生态畜牧业合作社相比散养户更能抵抗风险,2020年称多县已完成调运颗粒饲草3100多吨,饲草1.05万吨,相当于玉树全州调配额的32%,比国家和省级安排部署的调配额度,翻了一倍之多。同时,生态畜牧合作社加快了畜种改良和本土品种选育,出栏率比散养户牲畜的出栏率高,据调查,称多县清水河镇2018年生态畜牧业合作社总出栏数为3920头,占存栏数的21.1%,而散养户出栏数7200头,占存栏数的18.4%。此外,党组织和合作社的各项优惠政策多向贫困户倾斜。如贫困户草原生态奖补、公益护林员岗位等。农牧民人均可支配收入差距越来越小,全县农牧民人均可支配收入也从 2015 年的 5628 元增加至 2020 年的 9465 元，年均增长率达到 37.3%，在提升牧民收入的同时推动了乡村产业振兴。此外，合作社资源有限，无力购置先进农机设备，抵抗自然风险和市场风险的能力较弱等问题，有待进一步发展完善。

建立健全农业社会化服务组织，更好促进农户与农业发展有效衔接、助推乡村振兴和共同富裕

习近平总书记指出："要积极扶持家庭农场、农民合作社等新型农业经营主体，鼓励各地因地制宜探索不同的专业合作社模式。"加快培养新型农业经营主体，紧密联系农村和政府是发展农业现代化的必由之路。此外，第三次农业普查数据显示，我国小农户所占耕地面积约为全国家庭承包耕地面积的 70%，打破小农户的生产方式是农业发展需要解决的一大问题。发展单一农业社会化服务模式虽有缺陷，但实践表明，其在破解农村"谁来种地""怎么种地"问题，以及提升农业生产经营效率，助力乡村振兴，实现农业现代化等方面发挥着不可替代的作用。

为建立健全我国农业社会化服务组织，更好促进农户与农业发展有效衔接，助推乡村振兴和共同富裕，确保 2035 年农业农村现代化目标的实现，提出如下几点优化建议：

构建农业社会化服务发展新机制。新型农业社会化服务体系构建，是一项复杂的系统工程，必须紧紧围绕制度调整的各个环节，不断探索适应社会发展需要的新机制。一是健全主体运行机制。农业社会化服务涉及的主体众多、社会关系复杂，需要政府进行统一指导，建立起目标明晰、权责明确、有统有分、协同配套的运行机制。在未来，政府要逐步推动以需求为导向，以农民利益为纽带，以专业合作社为主导，以企业为龙头，农民广泛参与、农业市场化运作、各种模式互为补充的农业社会化服务运行机制。二是健全利益协调机制。社会化服务体系既有行政性主体，也有非行政性主体，既有公益性服务，也有经营性服务，在服务提供对象、服务内涵和服务方式上，极易产生相互矛盾的情况。因此，在未来，要通过统筹明确各利益主体之间的关系，建立健全科学合理的利益协调机制，以实现农业社会化服务体系的高效运行。三是健全引导协调机制。通过政府的统一领导，各级农业委员会、农业主管部门和各涉农部门应建立起日常工作协调联动机制，通过明确分工，协作配合，统筹兼顾，协调处理好农业农村发展面临的重大课题，最大限度凝聚工作合力，形成上下联动的协调

机制。政府通过合理利用农村相关资源，进一步做好对农业社会化服务主体的支持和监督，因地制宜推进农业社会化服务体系完善。

培育新型服务主体，提升农业社会化服务水平。有效构建新型农业社会化服务体系，其关键是在农村尽快完善农业社会化服务组织的供应体系，搭建多元化、宽领域、多层次的农业社会化服务组织的供应机制。当前，政府部门应以紧密联结农户利益为核心，以提高为农村服务能力为基础，立足人才培育和规范管理两个方面。积极发展壮大各类农业社会化服务组织。一是坚持政府行政指导、市场化运营的基本原则，大力培育新型农业社会化服务的市场组织。改革县乡农业社会化服务组织大力整合农村公共服务资源，建立健全农村公共服务网络系统，加强对农业龙头企业支持力度，提高其在农业生产经营前、中、后期服务水平和服务能力，运用订单培育等多种形式促进其规范有效发展，以提高农业生产综合经济效益，积极发展农民专业合作社和村集体经济组织，充分发挥农村基层党组织在组织群众、帮助群众、激发群众内生动力方面的作用。二是勇于探索实践，开展服务模式总结。农业社会化服务组织应积极推动农业社会化服务内涵、服务对象、服务模式和服务手段创新，推动农业社会化服务向信息化、智能化发展，加快农业新科技、新装备、新模式在农村的推广应用，带动农业社会化服务组织能力提档升级，总结在实践经验中形成的具有创新性，有推广价值的农业社会化服务模式，开展线上线下多形式的经验交流和内容讲解，在政策制度、实施措施、技术经验等方面总结方法，形成特色鲜明、可复制、可推广的农业社会化服务典型模式。三是继续开展生产托管服务联合体试点示范。加快我国土地流转制度的规范性和土地代耕、代种等新模式的推广，提高土地集约化程度，实现村级统防统治，开展农业产业化联合体示范基地创建，促进其形成区域全覆盖的综合服务中心，延伸农产品产业链，提升产业价值，促进农业提质增效。

加强农村金融市场建设。一是促进涉农保险扩面、增品、提标。着力创新涉农保险类型，推动农业保险由保物化成本过渡到保完全成本、保价值和保收入，实施地方优势特色农产品保险制度改革试点，认真落实国家奖补和优惠政策，力争通过地方特色产业保险制度实现"一县一品"，拓展保险覆盖面，扶持保险机构进一步发展涉农商业保险，构建"政策性金融保障为主要导向、商业性保险为互补"的现代农业金融保障格局。二是健全财政金融支持体系。构建农村经济振兴与社会投资持续上升机制，积极按市场化方式建立农村产业发展基金，创新农村金融服务体制，为发展农业社会化服务的主体创造资金便利，着力构建起以财政投入为主导、社会投资多元化的农业社会化服务投资机制，进一步丰富投资途径。激励和带动工商企业和个人等社会力量加大投资力度。

深化农村改革，推进农业适度规模经营。一是推进农地流转。坚持依法、自主、有偿经营原则，支持农民通过转让、租赁、再转让以及入股等方式共同经营承包地，并通过用地互换等方式化解农业承包地细碎化问题。加强建设农业经营管理制度，建立农业耕地经营管理监督机制。继续完善区、镇、村三级的公共服务网络系统，为农村土地经营各方提供相关信息公示、政策咨询、用地契约公证等公共服务。二是鼓励产业化经营。指导农民以承包地入股建立新型农村土地流转股份合作机构，进一步发展耕地产业化经营方式。可根据自身优势，因地制宜、合理规划地区农业产业布局，加强土地、交通、通信等基础设施建设，积极创造农村发展的良好氛围。为农户制定土地流转、农业保险等优惠政策，促进城市工商业等各种要素向农村流动，推动农业规模化和产业化生产经营，这既有利于应用新型农业社会化服务，也能促进现代农业生产经营发展水平提升和新型农村建设。要以农村土地托管服务为切入点，加速推动我国现代化农业服务向规模化发展，助力农业适度规模经营。三是加强土地利用和保障。加快推进高标准农田建设和土地流转，促进农业社会化服务的规模化应用，在满足国家土地空间规划的前提下，政府可采取村庄环境整治、农村土地整理等方式，节余乡村集体的建设用地，引导村集体和农户盘活并使用已有的闲置耕地和宅基地。

推进农业社会化服务组织人才队伍建设。在建立健全农业社会化服务的过程中，要贯彻循序渐进、重视市场的原则，加大对各类经营主体的培养、扶持和引导。加大对农民培训的力度，尽快形成一支整体素质优秀、服务能力过硬的农业社会化服务队伍。一是要不断健全培训制度。扩大培训区域和培训途径，进一步强化对农村基层干部和技术骨干的培训，通过组织开展农技、生产经营、技术合作等业务的培训，全面提升其服务水平。注重发挥高等学校、科研机构、企业市场营销人员等各类人力资源的作用，进一步加大对农业社会化服务组织人员的全产业链培训力度。二是出台相关农业人才引进政策。采取鼓励农业农机人才、大学生村官等群体领办的方式，成立农业种养、农技、植保、农业生产与经营管理等专门农业服务机构，加大面向全国高等农业院校的招聘力度，招聘农业专业人才，进一步完善基层农技人才队伍。三是推进新型职业农民素质提升工程。强化对种植养殖大户、家庭农场经营者、合作社带头人、农业公司运营管理者、农业社会化服务人才、返乡农民工等专业人才的教育培训力度，积极培育发展农村土地托管的职业农民队伍。四是定向扶持、培养乡土人才，提高农村吸纳人才的能力。鼓励农民工、大中专毕业生、退伍军人、农村技术人员和"田秀才""土专家""乡创客"等人才在乡村进行创新创业，助力解决"谁来种地""怎样种地"难题。

（来源：人民论坛网 2023年3月16日）

把乡村产业根系扎得更深更牢

张 琦

河北省张家口市尚义县十三号村曾经是典型的空心贫困村，近年来借助自然地理条件发展乡村旅游，乡村治理水平不断提升。

十三号村的交通相对比较便利，旅游资源多，比如亚洲最长的玻璃栈道，国家级森林和地质公园等。十三号村坚持保生态、搞旅游、共致富的发展思路，通过把闲置的土地进行捆绑开发、把涉农资金相绑使用、农村留守人员相绑配置这三大模式，引导村民组建了全市首家农宅合作社，发展以窑洞酒店为主的乡村旅游业，每年可向村集体交租50万元。

发展现代观光采销农业，对村"两委"班子强化目标考核，给每个成员定任务，压担子，把村干部力量集聚到产业发展上，依托坝上独特资源。盘活村民闲置新地150亩。此外，抓住国家光伏政策机遇，用光伏点亮绿色经济，发展光伏发电项目，把91户建档立卡户的73.6万元帮扶资金全部入股光伏合作社，通过利益连接将村民以合作社方式组织起来，享受村集体经济发展带来的红利。

乡村治理需要文化传承，重铸集体认同，这是实现乡村有效治理的内生动力。十三号村通过建立村史馆、红色记忆馆等方式增强文化建设。同时，开展乡村文明建设以及完善村规民约，为农村文化建设提供有效载体。

十三号村的治理变化为乡村振兴提供了有益借鉴，主要表现为以下几点：

党建引领，凝聚治理合力。乡村治理离不开党组织建设。十三号村坚持党的引领，将党建工作牢牢抓在手上，全面加强组织建设，充分发挥党员模范带头作用，推进乡村振兴工作提质提效。

强化文化建设，夯实乡村治理基础。乡土文化包括了以文治村、乡贤治村等历文基础和创新实践，有助于提升乡村治理能力和水平，实现乡村组织振兴。以村规民约为代表的乡村自治文化有助于彰显村民在乡村治理中的主体地位，让乡村治理共识得以凝聚，乡村社会治理规范得以完善，为此要不断挖掘，发展传统农耕文化中的积极要素，持续推动农村精神文明建设。

加强宣传引导，发挥农民主体地位，农民是乡村治理的主体，也是乡村振兴的重要力量，要加大支持农民参与乡村治理的宣传力度，充分调动村民参与乡村治理的积极性和主动性，让他们参与乡村治理，使乡村治理更加有效。

加强基层干部的培训，提升综合素质。乡村治理在乡村振兴中发挥着重要作用，是推动乡村高质量发展的动力，也是乡村建设的重要支撑和效率的保证。没有乡村治理，乡村建设就难以高质量，可持续性地推进，而决定乡村治理的关键因素是村干部的素质和能力水平。因此，要着力提升农村基层干部的综合治理能力，推动乡村振兴向纵深发展。

（来源：《海南日报》 2023年3月10日）

因地制宜培育新产业新业态

张 琦

我国东部沿海地区长期以来依托地理区位、资源禀赋优势，在县域经济和富民产业方面迅速发展，积累了雄厚的县域财政实力和扎实的县域产业发展根基。改革开放以后，在以"苏南模式""耿车模式"等为代表的县域经济发展模式催生下，东部地区一大批乡镇企业异军突起，成为东部地区县域经济发展的重要驱动力。在延续和创新传统县域经济发展模式的基础上，东部地区在发展实践中不断探索县域富民产业发展新路径、新模式。在推进新型城镇化和乡村振兴战略过程中，始终坚持以"富民"为核心目标，持续做大做强县域特色优势产业集群，深入推进农村一二三产业融合，推动县域富民产业结构持续优化、品牌影响力不断扩大，形成了组织形式丰富、三产深度融合的县域富民产业发展格局。

以县域经济强省江苏为例，该省各地在因地制宜发展县域富民产业上统筹布局，长远规划，充分发掘各地资源和区位优势，形成互促互补、百花齐放的县域特色富民产业发展格局。全省10亿元以上县域优势特色产业已达199个，有18个10亿元镇、28个亿元村入选"全国乡村特色产业十亿元镇、亿元村"名录。该省各地聚焦提升本土特色产业品牌影响力，以打造"三品一标"为重要抓手，充分带动县域特色农业产业结构转型升级，助力城乡居民持续增收。地理标志注册后可以带动产品价格平均提高50%，居民增收超过30%。

总体而言，东部地区在因地制宜发展县域富民产业方面成效显著，在发展实践中不断探索并形成了一些值得借鉴的经验和做法。

增强科技创新赋能，培育壮大县域特色优势产业集群。科技创新是加快推进县域特色优势富民产业转型升级和高质量发展的关键支撑和核心动力。

江苏省高邮市聚焦区域公用品牌提升行动，重点打造"高邮鸭"和"高邮大虾"等国家级地理标志产品，作为当地的重要特色富民产业。以数字化助力特色产业升级是高邮县域富民产业发展的重要路径。在生产环节，通过"智慧大脑"数字技术，实时监测鸭舍环境指标，合理安排投放饲料，保障鸭蛋产量稳定，实现"高邮鸭"生产全过程智慧养殖；在销售环节，通过鼓励企业拓展数字化销售渠道，支持村企共建电商平台，推动本地特色农产品走品牌化发展之路；在融资环节，通过"政企银"合作发展数字普惠金融，针对各类经营主体推出个性化贷款产品，破解特色农业产业发展的资金瓶颈。

从良种繁育、智慧养殖、精深加工，到拓展数字化销售渠道、推出数字金融服务，数字化技术持续助力高邮本土特色农业产业转型升级和高质量发展，其特色农业产业含金量、含绿量极大提升，成为当地实打实的县域富民产业。如今，高邮的富民产业规模越来越大，"高邮鸭"已成为当地一张亮丽的特色农业名片，仅鸭蛋生产企业就达100多家，年产鸭蛋13.5亿枚，总产值达18.5亿元，规模企业40余家，带动农户就业超4000人。

立足绿色资源优势，创新变革生态产品价值转化路径。良好的生态环境是县域产业发展的基础和保障，充分挖掘绿色生态资源价值，是实现生态产业富民的重要途径。

浙江省安吉县作为"中国第一竹乡"，因竹而名、因竹而兴。在探索生态产品价值实现路径过程中，该县立足县域87万亩毛竹林资源，把碳汇和浙江高质量发展建设共同富裕示范区相结合，创新推进竹林碳汇改革，使竹林空气变"真金"成为现实。2021年年底，安吉县以相关合作社为依托，成立竹林碳汇收储交易中心，构建了"林地流转—碳汇收储—基地经营—平台交易—收益反哺"的全链闭环管理体系，带动全县119个行政村、4.9万户农户和17.15万名林农取得长期性收益。通过深化承包地"三权分置"制度，安吉县全资组建股份制毛竹专业合作社，在林权属地和承包权不变的基础上，实现竹林资源经营权分置归集、统一收储和提前变现。

此外，为提高农民参与积极性和获得感，安吉县建立"运营平台＋合作社＋农户"的利益联结分配机制，平台将经营利润70%反哺给毛竹合作社，农民可以获得竹林保底收益、60%的效益增值分红及参与项目建设的工资收益，村集体获得40%的效益增值分红，并对全体村民进行二次分配，真正实现资源从农民手中来、效益回到农民手中去。

（来源：《经济日报》智库版访谈　2023年4月17日）

全面推进乡村振兴 加快建设农业强国

张 琦 董 菡

"农业强国是社会主义现代化强国的根基""建设农业强国,当前要抓好乡村振兴"。2023年2月,中央一号文件正式发布,旨在全面贯彻落实党的二十大精神和中央农村工作会议精神,围绕全面推进乡村振兴、加快建设农业强国,立足当前我国"三农"工作的阶段特征,精准部署全面推进乡村振兴的九项重点工作。该文件提出"建设供给保障强、科技装备强、经营体系强、产业韧性强、竞争能力强的农业强国",这为未来我国"三农"工作指明了前进方向,为全面推进乡村振兴确定了目标任务,为加快建设农业强国提供了重要遵循。

乡村振兴与农业强国的密切关系

2023年是全面贯彻落实党的二十大精神的开局之年,也是全面建设社会主义现代化国家开局起步的重要一年。在新的历史起点和发展阶段,需要正确认识乡村振兴战略的定位,科学把握乡村振兴与农业强国之间的关系,以深入推动乡村"五大振兴"为抓手,循序渐进、稳扎稳打,加快实现农业强国建设"五强"目标,为全面建设社会主义现代化国家夯实根基。

全面推进乡村振兴是实现从农业大国向农业强国跨越的必然选择。早在2013年中央农村工作会议上,习近平总书记就指出:"中国要强,农业必须强;中国要美,农村必须美;中国要富,农民必须富。"党的十八大以来,以习近平同志为核心的党中央引领推进新时代农业农村现代化事业发展,推动农业农村发展取得了历史性成就、发生历史性变革,农业产量和增加值均居世界第一,粮食产量连续8年保持在1.3万亿斤以上。实现从农业大国向农业强国的跨越是建成社会主义现代化强国的重要途径。在我国已经是农业大国的基础上,必须通过全面推进乡村振兴,实现农业发展从要规模、数量向要质量、效率转变，整体带动农业农村现代化发展。

全面推进乡村振兴是加快农业农村现代化的内在要求。加快建设农业强国、推进农业农村现代化，内在要求农业综合生产能力强、农业带动农民增收能力强、农业多功能拓展能力强、农业可持续发展能力强、农业国际合作能力强，走中国特色社会主义乡村振兴道路。具体来看，农业农村现代化要求我国农业综合生产能力要强，统筹协调、有序推进，保障粮食的稳定安全供给；要求我国农业带动农民增收能力要强，通过乡村产业振兴不断提高农村家庭经营性收入占比；要求我国农业多功能拓展能力要强，在充分挖掘农业经济功能的基础上，不断开拓在生态旅游、民俗文化、休闲观光等方面的多样功能价值；要求我国农业可持续发展能力要强，坚定不移走生态优先的绿色发展之路；要求我国农业国际合作能力要强，以高质量、高水平的人才"引进来"和"走出去"推动农业强国建设。

全面推进乡村振兴是加快建设农业强国的重要途径。党的十九大报告提出实施乡村振兴战略，其目的是加快推进农业农村现代化。党的二十大报告指出，"加快建设农业强国，扎实推动乡村产业、人才、文化、生态、组织振兴"。习近平总书记在2022年中央农村工作会议上进一步指出："全面推进乡村振兴是新时代建设农业强国的重要任务。"总体来看，党中央对全面建成小康社会之后的"三农"工作作出了系统的顶层设计，新时代新征程围绕"加快建设农业强国"的远景目标，以"基本实现农业现代化"为阶段性目标，以"全面推进乡村振兴"为重要任务，以"产业兴旺、生态宜居、乡风文明、治理有效、生活富裕"为总要求，以"乡村产业、人才、文化、生态、组织振兴"为实施路径，构建起明确的目标指引、具体的战略部署和协同推进的路径。

加快建设农业强国对乡村"五大振兴"提出了更高要求。第一，产业振兴是乡村振兴的重中之重，也是实际工作的切入点。产业振兴能够为农业强国建设提供坚实的物质基础，是农业强国建设成果最直接的体现。通过聚焦聚力就业和增收，从根本上实现"农民富"。加快建设农业强国，要求乡村立足自身独特的自然和文化资源优势，有序开发农业经济、政治、社会、生态等多种属性功能，深入挖掘乡村多元业态价值，在推动农村一二三产业融合发展、打造研产销全产业链一体化中要效益。第二，人才振兴直接关系到乡村振兴的实施效果。习近平总书记指出："人才是最宝贵的资源，是加快建设农业强国的基础性、战略性支撑。"加快建设农业强国要求重点培养造就一支有力的人才队伍，有效解决农村"缺人才，缺发展引路人、产业带头人、政策明白人"的问题。第三，文化振兴是乡村振兴的精神基础，为农业强国注入精神力量。加快建设农业强国要求充分挖掘乡村文化价值，传承中华农耕文明，打好"文化牌"。第四，生态振兴是乡村振兴的内在要求，也是承载农业强国建设目标的自然基础。加快建设农业强国要求建设宜居宜业和美乡村，真正践行"绿水青山就是金山银山"理念，始终坚持绿色是农业的底色、生态是农业的底盘。第五，组织振兴是乡村振兴的根本保障，也是建设农业强国的动力源泉。加快建设农业强国要求充分发挥不同类型组织的乡村振兴功能，不断提高治理效能。

必须看到，目前我国粮食安全等乡村振兴重点领域仍面临着风险挑战，这决定了我国农业强国建设的长期性、复杂性和艰巨性。一方面，我国基本国情农情复杂而独特，驱动我国传统农业向现代农业转型，在世界各国现代化进程中都是独一无二的。另一方面，农业强国建设涉及群体规模大、行业多、领域广，区位发展资源禀赋差别巨大，农业农村现代化建设中遇到的问题也各不相同。

协同推进乡村振兴与农业强国建设

习近平总书记指出："我们要建设的农业强国、实现的农业现代化，既有国外一般现代化农业强国的共同特征，更有基于自己国情的中国特色。"因此，全面推进乡村振兴、加快建设农业强国，既要借鉴学习世界其他国家或地区的有益经验，更要立足我国独特的国情农情，针对实际工作中面临的各种挑战，积极探索农业强国建设的推进路径。

第一，高质量扎实推动乡村产业、人才、文化、生态、组织振兴，为加快建设农业强国提供综合性支撑。一是遵循产业发展规律，多措并举提高农业产业质量、增强农产品流通效率，强龙头企业、补链条短板、兴多元业态、强要素保障、树品牌意识，以数字化技术赋能农业农村现代化转型。二是通过"内培"与"外引"，最优化配置乡村人才资源。首先，大力开展职业技能培训和提升行动，培养农业强国建设需要的专业技能人才、农村管理人才和新型职业农民。其次，强化吸引各类乡村人才的优惠与扶持政策支撑，充分动员社会各方力量，盘活乡村人力资本资源，为全面推进乡村振兴插上"人才翅膀"。三是深入挖掘优秀传统农耕文化和文明乡风中的思想价值、人文精神和道德规范，以社会主义核心价值观为引领，以乡村文化振兴为契机，焕发新时代乡村文化和农耕文明新气象。四是走生态优先、绿色发展、环境友好与经济发展共赢之路,以生态振兴促进宜业宜居和美乡村建设,真正变"绿水青山"为"金山银山",描绘乡村振兴的绿色形态。五是以人为本加强农村基层组织建设和干部能力建设,把基层党组织建设成为推动乡村振兴的坚强战斗堡垒,稳步提升基层综合治理能力,助力国家治理体系和治理能力现代化建设。

第二,全方位有力夯实粮食安全根基,持续提升粮食产能,确保完成建设农业强国的首要任务。全面推进乡村振兴、加快建设农业强国的首要任务就是保障国家粮食安全,不断提高粮食综合生产能力,全面完善粮食产能提高机制。一是坚决守住18亿亩耕地红线,逐步把永久基本农田全部建成旱涝保收、高产稳产的高标准农田。此外,还应深入挖掘粮食主产区之外其他类型土地的潜在产力。二是高质高效、有力有序推进种业振兴,既要加快突破种源科技攻关,又要扶优、做强、把好品种培育关,握紧攥牢吃饱饭、吃好饭的"金种子"。三是通过科技创新、政策完善、观念更新、责任考核等,全面完善粮食产能提高机制,系统协同推进粮食产能在高平台上的新突破。

第三,深层次持续巩固拓展脱贫攻坚成果,坚决守住不发生规模性返贫底线,夯实全面推进乡村振兴、加快建设农业强国的基础。一是坚持以实现脱贫群众增收就业为中心任务,以缩小城乡居民收入差距为核心,以脱贫县为主体单位,以督导、压实防返贫监测和帮扶责任为重要保障,以"监测对象找得准""安全措施用得实""风险消除效果好"为衡量标准,推动巩固拓展脱贫攻坚成果同乡村振兴有效衔接。二是精确把握新时代新征程适应全面推进乡村振兴、加快建设农业强国战略目标的"三大转向",即"把工作对象转向所有农民,工作任务转向推进乡村'五大振兴',工作举措转向促进发展"。三是循序渐进、稳扎稳打、因地制宜、真抓实干推进农业强国建设。自觉遵循历史规律和农业农村发展规律,正确认识农业强国建设的长期性、复杂性和艰巨性,立足当前我国基本国情农情,结合农业农村发展实际,以系统化思维、连贯性政策统筹布局农业强国建设。

(来源:《中国社会科学报》 2023年6月15日)

高质量推进乡村振兴
走中国式现代化之路

——河南省新乡县翟坡镇东大阳堤村的创新实践和探索

张 琦

高质量推进乡村振兴走中国式现代化之路是党和国家的重大战略部署，是实现共同富裕的内在要求。河南省新乡县翟坡镇东大阳堤村坚持党建引领，建强"两委"班子、创新工作机制，将充分发挥基层党组织的战斗堡垒作用作为实现高质量乡村振兴的重要支撑和坚强后盾，以打造绿色生态宜居舒适现代生活条件为基础，以打造村民就地就近就业增收新高地为目标，以打造文明风尚安定祥和社会环境为重点，形成了乡村发展、乡村建设和乡村治理一体推进的高质量乡村振兴新格局，走出一条成长快、成效好的乡村振兴发展新路径。

一、党建引领乡村振兴

党的领导是新时代扎实推进高质量乡村振兴的重要支撑和坚强后盾。东大阳堤村创新"一三五"机制，通过抓班子建设、抓队伍建设、抓制度建设、抓阵地建设、抓为民服务举措使党员先进性和基层党组织的战斗堡垒作用在高质量乡村振兴中得以充分发挥。在改善党领导乡村振兴的组织体系、强化基层党组织的政治引领功能和创新党领导"三农"工作的机制方法等方面进行了有益探索。

第一，创新"一三五"机制，提升基层治理能力，让乡村振兴组织体系"实"起来。一是建强一个堡垒。东大阳堤村着力优化"两委"班子，既注重经验传承、又注重新鲜血液注入，形成老中青相结合的7人"两委"班子，不断提高"两委"乡村全面振兴的政治能力、战略眼光、专业水平。二是建设"三支队伍"。即：村"三委"、党员、村民代表三支队伍。建立村级网格组织架构，职责明确，分工合作，用网格化推进工作，在群众中形成"有困难找党员、要服务找支部"的共识。"两委"班子和"三支队伍"有机配合，东大阳堤村形成一支党性可靠、群众信赖、能力出众、常驻不走的乡村振兴"工作队"。三是建立"五个机制"。即：民主决策机制、综合治理机制、为民服务机制、文化建设机制、有效监督机制，以五个机制促进了村集体自我管理、自我服务、自我监督能力和自治能力的显著提高。

第二，强化教育学习，巩固组织阵地，让党组织政治引领能力"强"起来。一是加强党员学习培训。落实"三会一课"制度，通过专题党课、小院课堂等多种形式，提高党员理论素养和把握国家关于"三农"工作政策方针的能力。二是要求党员亮明身份。要求党员佩戴党员徽章"亮身份"，挂"党员之家"牌子"增荣誉"，清楚"我是谁""为了谁"，增强党性修养和为人民服务的初心使命感。三是突出党建氛围营造。通过"村道命名""党建长廊"等形式，展出展板近 300 块，竖立宣传牌 60 块，在村内外营造浓厚党建氛围。

第三，创新工作机制，细化工作方法，让党组织服务"三农"工作"顺"起来。一是坚持党员、村民代表双联户制。东大阳堤村要求村内党员、村民代表每人联系 10 户左右村民，每月走访农户，及时发现、反映群众中存在的矛盾，精准化解"三农"工作中的困难和问题。二是优化工作方法，理顺工作程序。东大阳堤村建立"党群服务中心 + 网格化 + 信息化"综合载体，以"六字工作法"——"访、定、选、联、帮、建"，细化优化党组织服务"三农"工作程序。三是数字赋能，高效服务。东大阳堤村强化"数字"乡村建设，打造"智慧"平台，通过科技赋能，把党员教育、民情收集、活动宣传、"三务"公开等融为一体，"群众线上点单，组织线下服务"，让党组织服务"三农"工作更高效。

二、建设宜居宜业和美乡村

建设宜居宜业和美乡村是高质量乡村振兴的内在要求和重要任务。东大阳堤村将改善村民生活条件、解决村民就业问题、优化村内社会环境作为工作重点，形成新时代宜居宜业和美乡村的好典型。

第一，科学规划，打造绿色生态宜居舒适现代生活条件。一是提升村庄形象。打造"小院课堂""乡愁记忆"主题游园、农耕文化长廊、法治文化长廊和4处景观，美化村庄形象。二是提升农房风貌。建成120户独院，11层小高层6幢，容纳居民572户，基本实现家家户户住"洋楼"，建成花园式新村。三是提升绿化水平。村内绿化品质持续提升，绿化美化面积达到50%以上，农户垃圾分类参与率达到100%，清洁能源普及率达到100%。村民的生活环境质量和幸福指数不断提高。

第二，产业发展，打造村民就地就近就业增收的新高地。一是开展清产核资，盘活资产资源。东大阳堤村通过规范资产分类、账目登记、规范成员界定、收益分配、规范承包合同、权属划分等加速村集体激活"沉睡"资产，收回"特权"资产，整合利用坑地、荒地277亩，盘活废旧、闲置厂房资源3.4万余平方米。二是大力招商引企，促进村民就近就业增收。东大阳堤村坚持借力发展，合作共赢，13家企业陆续入驻东大阳堤村，涉及新能源、机械制造等领域，用工量达8000多人，年轻的做技术工，年龄大的从事保洁、保卫等，东大阳堤村的劳动力全部实现家门口就业，村民人均年收入达到3.3万元。

第三，文化塑魂，打造文明风尚安定祥和的社会环境。一是创造便利条件，提高村民参与文化活动积极性。多年来，东大阳堤村坚持开展篮球比赛、广场舞比赛等，成立军鼓队、大鼓队、老年腰鼓队、广场舞队、合唱团等9支200余人的文化社团队伍，为村民参与文化活动提供便利条件和机会。二是持续推进移风易俗，引导村民改变陈规陋习。东大阳堤村成立红白理事会，制定规章制度，办丧事严格执行不准摆纸扎、不准有低俗表演等"五不准"，办喜事明确规定彩礼、小封、嫁妆钥匙钱等。近5年来，全村仅此两项，村民节约开支约100多万元。三是丰富文化主题活动，强化村民现代文明理念。东大阳堤村强化现代文明实践主题活动，总结出"发展靠群众，群众靠发动，发动靠活动，活动靠文化"理念，探索出月月有文化主题活动的机制，树立村民文化自信，提高了村民的精神文明滋养，依靠文化主题活动把现代文明理念转化为村民的自觉行动。

三、加快推进农业农村现代化

实现农业农村现代化是高质量乡村振兴的终极目标和不懈追求。农业农村现代化是乡村发展、乡村建设和乡村治理一体推进的结果。东大阳堤村坚持规划先行，科学谋划乡村发展路径；狠抓民生事业，提升乡村建设水平；建平台强制度，着力提升乡村治理成效，综合协调推进乡村发展、乡村建设和乡村治理。

第一，聚优势抓项目，构建乡村现代产业体系。一是立足自身优势，制定发展规划。东大阳堤村既有长远谋划，又有五年规划，更有年度计划。坚持符合群众迫切需求、突出本村优势的原则，选准突破口，加快上项目，推出2022年乡村振兴十大项目，扎实推进乡村发展。二是推动产业融合，促进乡村经济的全面发展。东大阳堤村立足本村实际，充分利用党中央支持"三农"发展的各项政策，深刻把握市场、产业发展规律，统筹产业发展，持续推进一二三产业融合。超前谋划"康养+医养+旅游"产业链，康养项目和红色文化旅游街项目的建设稳步推进。壮大集体经济，搭建起"一街四区两平台"（红色一条街，传统产业区、康养医养区、生态宜居区、农旅文化区，数字乡村平台、电商销售平台），推动乡村发展进入"快车道"。

第二，狠抓民生事业，推进乡村建设现代化。一是提升公共服务水平。建成党群服务中心、便民服务中心、图书室、多功能会议室、村民活动室、医疗室、幼儿园、老年日间照料中心、新时代文明实践站、文化广场、健身广场、红白事理事大厅、智能充电车棚、银行、应急避难所等配套设施和公共服务设施，有效提升了满足村民公共服务和基础设施需求的能力。二是提升基础设施配套。完善村内水、电、路、气、通信等设施，实现"七通两入地"，即道路通、污水通、雨水通、自来水通、燃气通、暖气通、监控通，强电和弱电入地。

第三，建平台强制度，促进乡村治理现代化。一是以法治为基，建立配套的治理体系。凡涉及村集体经济发展的所有事项，坚持依法有据，公开透明，程序合法合规、合情合理。同时东大阳堤村先后建立完善《集体资产资源处置办法》《物资、服务、工程采购办法》等5大类26项制度，以严格的制度规范治理。二是搭建"小社区 大综治"综合治理体制平台，设立网格办、综治中心、家事调解室、矛盾调解室、普法宣传室等组织阵地，切实做到"小事不出村，大事不上交"。三是形成具有自身特色的村级治理机制。创新"一会四制"村级治理制度机制。"一会"指月末例会，主要任务包括反映村民问题、评议村"两委"月度工作、安排下月工作计划。"四制"是指重大事项民主协商制、矛盾协调对接制、家事调解制和数字化治理制。通过"一会四制"，东大阳堤村全方位有效解决了群众的众多急难愁盼问题。

（来源：人民论坛网　2023年10月11日）

全面推动乡村产业高质量发展

张 琦

产业振兴是实现农业强国和中国式现代化的基础保障。推动乡村全面振兴，首先要推进产业高质量发展。近年来，交通、通信等基础设施的改善及数字技术的深化应用，有效拓展了我国农产品市场边界，产业带动乡村振兴成效显现。

微观看，电商让东极黑龙江抚远的海鲜销售到了新疆，乡村旅游让冬天漠河北极村也不再"冷清"；宏观看，农产品加工业产值与农业总产值比达到2.52∶1，近两年农林牧渔业及相关产业流通服务业增加值增长势头强劲。

然而，当前我国"三农"市场的稳定性、畅通性和主体活力还需要加强，蔬菜、水果、特色农产品、小宗农产品的价格波动明显，跨区域调节能力尚有待提高，农民发展乡村特色产业的定力和动力有待强化。在高质量发展阶段的今天，还需要在有力有效推动乡村产业高质量发展上再下功夫，还需要将"三农"市场无缝衔接入全国统一大市场，加快建立健全全国"三农大市场"体系。

首先，要稳定农业市场价格，培育生产定力，有效推动乡村产业稳健发展。农民往往根据以往市场价格决定生产什么和生产多少农产品，农产品价格波动过大会促使农户频繁调整产业结构。头年价格高，农户增加种植，往往导致市场饱和，来年价格下降，农户会受损并改种其他农作物。要有效解决农户生产定力不足及周期性波动问题，需要提升农产品价格信息化透明化及时化水平，从而稳定市场价格预期。一方面，要加强全国农产品价格信息化水平。加快完善小宗特色类农产品在生产、加工、储运、销售、消费、贸易等环节的数据清洗挖掘分析服务模型，开发提供生产情况、市场价格、供需平衡等全国统一服务产品，引导农产品高效流通，有效强化市场预期。另一方面，要提升区域特色农产品价格信息服务能力。各地政府要根据区域特色农产品布局，及时公布特色农产品品类、数量、价格等情况，做好重大事件的市场影响评估，通过短视频、直播等农户喜闻乐见的方式传递市场资讯，提升对农户生产储藏销售决策的服务有效性。

其次，改善农村市场环境，增强生产动力，有力保障乡村产业充分发展。农村生产资源丰富，供给潜力巨大。激活农村生产要素，需要通过畅通城乡经济循环，以全国统一大市场带动乡村产业振兴。2021年，商务部等17部门联合发布的《关于加强县域商业体系建设 促进农村消费的意见》提出"扩大农村电商覆盖面"。电商发展为农村市场融入全国统一大市场作出了重要贡献。2022年全国农村网络零售额达2.17万亿元，全国农产品网络零售额5313.8亿元。

为进一步深化拓展农村市场边界，增强乡村生产动力，一方面，要加大力度完善农产品跨区域流通机制。加大人力财力支撑特色农产品品质提升和标准化生产，完善农产品市场网络，发展农村冷链物流，做实做细电商进乡村行动，强化产销对接，帮助农民把好产品卖出好价钱。另一方面，要着力提升农村市场运营管理规范性。市场监管部门要加强农村市场监管长效机制，利用信用记录、分级、激励约束等管理制度，推动农产品市场公平交易，畅通交易主体权益保护渠道。

最后，提升农民市场意识，激发生产活力，全面推动乡村产业创新发展。近年来，我国农村创新创业环境不断改善，乡村新业态新模式不断涌现，2012年至2022年年底，全国返乡入乡创业人员数量累计达到1220万人，农村网商网店到2021年年底有1632.5万家。但是，我国乡村产业经营依然以小农户为主，部分农产品标准化程度较低，网货化难度较大，产销对接不紧密，农产品虽产得出，但卖不掉、卖不好的现象时有发生。

为此，需要进一步增强农户市场意识和创新意识，推动特色农产品全面优质化品牌化，全面有效对接全国统一大市场。一方面，要着重提升农户质量竞争意识。定期组织开展特色农产品展览会、交易会、洽谈会等各类形式的产销对接活动，推动生产和流通主体交流衔接，让消费者为农产品"质量"买单，激励农户利用农产品质量、绿色、创新、品牌等特点形成市场竞争力。另一方面，要注重培育农户品牌营销意识。小农户需要借助农民合作社、农村集体经济组织等社会组织，提升市场主体地位，通过构建农村组织与农户利益联结机制，逐渐培育农户品牌营销意识。

(来源：《光明日报》 2024年1月4日)

坚持绿色发展理念促进南阳产业集群高质量升级

张 琦 王一凡

南阳市坚持绿色崛起、美丽富民发展主线，持续探索以生态优先、绿色发展为导向的产业高质量跨越式发展新路径，聚焦装备制造、绿色食品、光电信息、生物产业、新能源五大产业集群发展，走出一条新时代南阳特色的绿色低碳产业高质量发展之路。

一、南阳五大产业集群发展模式符合绿色发展理念

绿色低碳化是产业可持续发展的必然要求，是提升产业体系先进性的重要内容。2021年以来，南阳市以实现"双碳"目标为导向，牢固树立"绿水青山就是金山银山"的发展理念，坚持将生态优先、保护优先落到实处，有效利用对口协作资金，以推进五大产业集聚发展为抓手，推动传统产业绿色转型、绿色制造持续壮大、能源结构不断优化，较好地实现了产业集聚与绿色发展的协调统一。

一是有效推动传统产业绿色转型发展。南阳市以高质量发展为主攻方向，聚焦食品、中药材等传统优势产业绿色转型发展。以增品种、提品质、创品牌"三品"行动为抓手，推动绿色食品产业多元化发展；以提升科技创新能力为重点，加快突破药物研发、转化、制造等关键环节。通过充分发挥牧原集团、想念食品、仲景宛西、福森药业等龙头骨干企业资源优势，不断推动绿色食品加工、现代中医药等产业链创新延展，逐步打造成多层次、多梯度、纵横连接的千亿级绿色食品加工、现代中医药产业集群。

二是有序推进绿色制造业升级换代。南阳市遵循生态优先、保护优先的发展原则，硬起手腕关停并转污染和高耗能企业，腾笼换鸟培育壮大智能装备、光电信息、新能源等低碳高效产业。积极推行绿色制造，支持创

建绿色工厂、绿色园区、绿色供应链。全面提高资源利用效率，大力推进产业园区和产业集群循环化改造，着力打造"无废城市"。通过制造业龙头企业带动区域产业链绿色升级，不断提高产业发展"含绿量"。

三是有力推动能源结构向"绿"转变。南阳市通过开展能源"减碳"行动，一体推进"控煤、稳油、增气、扩新"，加快构建清洁低碳、安全高效的现代能源体系。通过实施可再生能源替代行动，发展风能、太阳能、生物质能等清洁能源，统筹推进"风光水储""风光火储""风光氢储"一体化项目，有效推动能源结构优化调整。目前，南阳市新能源产业规模已突破150亿元，截至2023年4月底，全市可再生能源装机522.6万千瓦，占全市电力装机比重达到50%以上。

二、南阳产业集群发展符合新时代高质量发展新要求

推动高质量发展是做好新时代经济工作的必然要求。2021年以来，南阳市持续探索建设现代化省域副中心城市的战略机遇，搭建京宛对口合作与产业协同发展平台，为实现高质量发展注入新动力。

第一，产业转型发展为南水北调重大工程持续发展作出巨大贡献。南阳市在建立水资源刚性约束制度上下功夫，严格用水总量控制，筑牢安全用水屏障，实现南水北调中线工程供水效益持续扩大。南阳市淅川县大力推进产业转型升级，先后关停了358家有污染、高耗能的涉水企业，取缔禁养区养殖场（户）613家，同时，大力推广种植固土效果更好、生产过程无污染的软籽石榴等特色林果。如今，万亩软籽石榴产业基地规模初现、效益显著，有效保护水源的同时也促进了群众增收。2014年至今，累计超80亿立方米"南水"进京，现已成为北京城市用水的主要水源，全市直接受益人口超1500万人。

第二，根据水资源承载能力优化空间布局和产业结构。南阳市积极推进五大产业聚能成势，共同推动建成"三区一中心一高地"区域发展格局。围绕"5+N"千百亿产业集群，重点打造绿色食品、装备制造等千亿产业集群以及中医药、新材料等特色百亿产业集群，深入开展21个重点产业链群高质量发展行动，探索推行"链长制"，坚持"一链一策""一群一策"。目前，南阳市"5+N"千百亿产业集群规模效应日益凸显，为南阳高质量跨越式发展提供了强力支撑。

第三，深入推进京宛产业战略合作，有力促进了产业高质量协同发展。一是通过加强科技创新合作，助力技术引进和科研攻关，有效推动院

士工作站、科技产业园等多个重大科研合作平台建设。二是通过加快产业转型合作，瞄准北京总部经济优势，推进南阳与京属企业深度合作，推动京东（南阳）数字经济产业园等重大项目落地南阳。三是通过加强特色农业合作，推动现代农业合作项目成功签约，同时，积极拓展南阳特色有机农产品进京销售渠道，在首农集团双创中心设立展区，实现常年常态化展销。

三、南阳产业集群发展要在乡村振兴战略和南水北调中线后续工程建设新要求中再升级再提升

目前，南水北调中线工程对口协作亮点和成效明显，五大产业集群发展格局和顶层设计基本形成，产业集聚发展已初具规模且重点突出。然而，目前南阳市重点产业关键核心技术创新水平不高、产业带动群众致富能力不足、产业协同集聚效应不强等问题仍然比较突出，成为制约南阳市产业高质量发展的关键短板。因此，南阳市未来要充分利用好南水北调中线后续工程和全面推进乡村振兴战略的政策机遇，重点把握好以下三个方面内容。

第一，要积极利用科技创新引领现代化产业体系建设的再升级。要发挥好科技创新引领作用，把节能减排作为推动生产模式转型升级的重要抓手，推动传统产业全面升级与战略性新兴产业高质量集聚发展，尤其是在绿色生态资源开发利用上创新延长产业链，推动绿色生态产业布局向乡村倾斜。要加快完善和创新生产性服务体系，在提升资源要素集聚整合能力、畅通信息共享渠道、加强绿色金融供给制度保障等方面重点发力、大胆创新，有效提升生产性服务业和制造业协同发展水平。要着力打造全链条孵化服务体系，重点培育一批优质孵化器建设运营主体，促进企业创新资源优化配置，有效催生重点行业关键核心技术创新成果研发和应用。要持续深化科技创新体制机制改革，在用地政策、税费减免、金融支持、人才引进、成果转化、平台建设等方面给予中小型科创企业更多支持。

第二，要积极参与乡村振兴高质量发展推进产业振兴提高农民增收能力。要把促进农民持续增收摆在更加重要的位置，切实提高当地农民及移民安置居民民生保障和收入水平。在南水北调中线工程核心水源区生态保护刚性约束下有序推进乡村振兴，在民生改善和农民增收的基础上提升产业发展"含金量""含绿量"，推动绿色产业全产业链向乡村延伸，加快完善相关产业联农带农利益联结机制，让农民共享绿色产业高质量发展成

果。要始终坚持绿色发展的鲜明底色，积极推动乡村一、二、三产业融合发展，依托南阳市悠久厚重的中医药文化底蕴，深度挖掘花卉等生态资源优势，持续擦亮南阳绿色生态"金字招牌"，推动"健康经济""美丽经济"与乡村旅游融合发展，实现"绿水青山"向"金山银山"的有效转化。

第三，要积极推进京宛对口协作模式创新，开创区域协调发展效率再提升。要进一步深化京宛合作机制和模式，深度聚焦产业发展、经贸往来、人才交流、信息流通等重点领域，广泛开展协作活动，助力南阳特色优势产业提质升级。要优化人才"引育用留"全链条，梯次打造产业集群高层次领军人才、青年人才等创新人才队伍体系，建立"以产聚才、以才兴产"的产才融合机制，把交流协作平台建设摆上重要位置，让各类人才创新有条件、创业有机会、发展有空间。要主动谋机遇、促合作，强化产学研深度融合发展，充分利用京内高校、科研院所、领军企业的人才、技术等方面优势资源，围绕本地重点产业集群打造行业专家智库，推进高层次科研机构落户南阳，为产业持续创新发展提供长期智力支撑。要进一步深化京宛农业合作，高质量打造农产品原产地生产加工基地，利用好进京农产品快捷通道和北京互联网电商平台优势，加强农产品品牌推介力度，探索创新京宛农业合作新模式、新业态。

千万工程：加快提升农村人居环境舒适度的新举措

张 琦

自2021年中共中央办公厅、国务院办公厅印发《农村人居环境整治提升五年行动方案（2021—2025年）》以来，各地以农村厕所革命、生活污水垃圾治理、村容村貌提升为重点，积极巩固拓展农村人居环境整治三年行动成果，推动农村人居环境质量稳步提升。在此期间，浙江"千万工程"的成功实践得到了各地的广泛关注和积极借鉴。通过学习运用浙江"千万工程"经验，各地在改善农村人居环境、提升公共服务水平、推动乡村有效治理等方面取得了显著成效。然而，在现阶段来看，各地在学习运用"千万工程"经验、加快推进农村人居环境整治提升过程中，还存在一些突出的问题，值得我们关注和思考。

一是从横向比较来看，区域之间发展不平衡情况突出，东部和中西部地区在人财物等资源约束方面存在较大差距，导致不同地区农村基础设施建设、配套公共服务等方面存在一定差距，特别是地处偏远、经济欠发达地区农村底子薄、欠账多，整治提升任务艰巨。与此同时，一些欠发达地区在农村人居环境整治提升的管护机制制度建设方面相对薄弱。

二是从纵向维度来看，农村人居环境整治前期的投入建设与后期的管护利用没有很好的衔接，导致"重建设、轻管护"现象普遍存在。与此同时，农村人居环境整治提升过程中，农村群众主体意识不强、基层人员和农民参与积极性不高，存在"上热中温下冷"现象。

三是缺少科学规划引领和通盘考虑。一些地方盲目照搬成功模式，缺乏对成功模式所蕴含的先进理念和内在逻辑的深入理解与把握，导致一些模式在不同地区"水土不服"，实际效果千差万别。"撒胡椒面"式的资金投入方式导致农村人居环境整治设施建设质量参差不齐，并且造成了农村人居环境整治设施的管护资金缺失，难以实现预期整治成效。

四是长效管护机制不健全。农村污水垃圾处理、生产生活废弃物处理利用等技术模式缺少科学高效、可持续性的技术保障机制，农村人居环境整治提升后续管护运行资金来源缺乏制度保障，与此同时，农村人居环境整治提升的相关技术规范、监督考评等配套制度不完善，有关项目建设质量和实施效果缺乏长效保障机制。

基于现阶段各地推进农村人居环境整治提升的进展及在此过程中面临的一些突出问题，未来，更好地学习运用"千万工程"经验，加快提升农村人居环境舒适度，应该重点在以下几个方面发力。

第一，优化统筹协调推进机制，加强科学规划引领。浙江"千万工程"成功的一条重要经验就是因地制宜、科学规划。浙江在实施"千万工程"过程中，立足山区、平原、丘陵、沿海、岛屿等不同地形地貌，区分发达地区和欠发达地区、城郊村庄和纯农业村庄，结合地方发展水平、财政承受能力、农民接受程度开展工作，尽力而为、量力而行，标准有高有低、不搞整齐划一，"有多少汤泡多少馍"。针对提升农村人居环境舒适度这一项系统工程，必须牢固树立"统筹兼顾、系统治理"的整体性理念，坚持科学规划先行，逐步以点带面。一是要切实加强组织领导，严格责任落实。建立健全县—镇—村约束与激励并重、责任和风险共担的长效工作机制，进一步明确县域不同部门、不同层级、不同行动主体对农村人居环境整治提升工作的责、权、利内容。二是要发挥好规划引领作用，重点抓好"多规合一"村庄规划编制，抓好镇村布局规划动态更新，注重县域和乡村生态、经济和社会的可持续协调发展，确保相关工程项目符合当地农村的实际需求和发展条件。三是要明确各类村庄类型、定位和目标任务，统筹调配好优势资源，因地制宜分层分类推进不同村庄人居环境整治提升行动。重点发力，突出集中连片，形成以点带面、以线带面推进路径，打造一批可复制、可借鉴的美丽乡村示范村、示范带先进样板。

第二，健全农民参与机制，强化农民主体作用。农民是农村人居环境改善的主体。要想学习运用好"千万工程"经验，就必须坚持以人民为中心的发展思想，把实现人民对美好生活的向往作为出发点和落脚点。要充分尊重农民的意愿和主体地位，突出农民需要，"群众要什么、我们干什么"，实现政府、市场、集体和农民等多方力量的最佳组合配置。广泛动员农民群众参与村级公共事务，调动农村基层干部和广大农民群众的积极性、主动性和创造性，使农民成为农村人居环境改善的主要参与者和受益者。一是拓宽和优化农民参与途径。鼓励和支持农民通过投工投劳、捐款捐物、志愿服务等多种方式参与农村人居环境整治提升行动，实现农民的事农民管，避免政府"大包大揽"。在项目建设及设施管护等环节，推广以工代赈方式，吸纳更多农村低收入群体就地就近就业。二是发挥基层党组织的"领头雁"作用。要加强基层治理，始终把党建工作贯穿于农村人居环境整治提升的全过程。积极打造党员服务品牌，发挥党员带头作用，按照"一村一队、一队一品"的部署，成立村级志愿服务队，特别是引导广大妇女积极参与农村人居环境整治与乡村治理。三是探索农村人居环境积分制奖评模式。由网格长、村民组长组成考评小组，以庭院为单元，定期挨家挨户上门考评环境卫生情况，评分结果在村宣传栏予以公示，接受村民监督。通过乡村美丽庭院"荣誉表彰""积分兑换"等一系列举措，激发农民改善庭院和村庄卫生环境的积极性。

第三，完善科技长效支撑机制，赋能农村人居环境提质。提高农村人居环境质量离不开科技的支撑。浙江在持续深化"千万工程"中，始终坚持科技创新、绿色发展，锚定"未来乡村"建设目标，有效利用数字化技术赋能乡村建设，集成"美丽乡村＋数字乡村＋共富乡村＋人文乡村＋善治乡村"建设，着力构建引领数字生活体验、呈现未来元素、彰显江南韵味的乡村新社区，不断绘就具有中国特色的未来乡村建设的新画卷，同时为各地加快推进农村人居环境整治提升再一次提供有益借鉴。学习运用"千万工程"经验推动农村人居环境舒适度提升，需要不断加强科技赋能，提高农村人居环境治理的"含金量""含绿量"。一是强化适配性技术攻关。要坚持问题导向，加强地方与第三方科研单位和企业的技术需求对接，例如，加快研发干旱、寒冷等地区卫生厕所适用技术和产品，因地制宜推广改厕技术模式，稳步提高卫生厕所普及率。二是推广应用绿色环保技术。在推进农村人居环境整治过程中，贯彻绿色发展理念，倡导和推广绿色生活方式及环保技术，提高农村生产生活废弃物资源化利用水平，加快推进厕所粪污、易腐烂垃圾、有机废弃物就近就地资源化利用。三是提高农村人居环境治理规范化、标准化水平。鼓励支持农村人居环境治理项目建设、监测、评估等相关环节的技术标准制定出台，科学规范和指导农村人居环境整治提升各环节有效运行。四是推进农村人居环境治理体系数字化建设。加快推动农村人居环境监测数字化建设，对生活污水处理设施、生活垃圾收转处置设施、黑臭水体等相关点位进行全方位、全天候动态监测，打造信息化管理平台，以县域为单元对监测点位、运行情况、治理进展、责任主体等基础信息进行数字化管理。

第四，建立健全长效管护机制，加强全过程、全生命周期管理。"千万工程"20年来坚持一张蓝图绘到底，一件事情接着一件事情办，一年接着一年干，每五年出台一个行动计划，每阶段出台一个实施意见，针对不同时期的工作重心，制订解决方案、明确目标任务、细化政策措施，不断积小胜为大胜。"千万工程"的成功实践经验告诉我们，农村人居环境改善不是一蹴而就的，必须循序渐进、久久为功，这就需要建立一套系统科学的有制度、有标准、有队伍、有经费、有监督的村庄人居环境管护长效机制。一是要加快推进农村人居环境管护制度化建设。明确农村基础设施产权归属、建立健全管护标准规范等，进一步明确政府、村组织、村民、企业等各参与主体的权、责、利，推动农村人居环境管护工作落到实处。二是加快建立长效化管护队伍。发挥基层党建引领作用，形成以农民为主体、多方参与的共建共治共享的常态化管护模式。三是加快构建多元化投入机制。创新投融资模式，积极鼓励各方参与，把社会资本撬动起来，形成政府引导、社会资本参与、农民自筹的多方主体共同参与的多元化投融资体系。同时，在一些条件相对成熟的农村地区，探索建立"政府补贴+农户付费"的污水处理、生活垃圾处理等环节农户收费制度。四是建立健全长效管护监督与考核机制。将提升农村人居环境舒适度作为实施乡村振兴战略实绩考核的重要内容，定期组织开展农村人居环境改善考评工作。加快完善群众监督机制，推进农村人居环境长效管护信息公开透明化，通过设立举报监督电话、开发"问题随手拍"平台等方式，保障村民的知情权和参与权。

新金融赋能乡村振兴：
中国建设银行的实践

张 琦

中国建设银行多年来深耕于农村金融服务发展，在实践中不断创新，极大地补齐了农业农村发展的金融短板。脱贫攻坚期间，中国建设银行全面布局农村金融，为贫困地区和贫困群众送去"金融活水"。进入全面推进乡村振兴以来，中国建设银行更是着力在乡村产业发展、乡村人才培养、乡村治理改进等方面持续赋能，全方位、多角度、纵深化参与乡村振兴，以农业产业链融合发展赋能乡村产业现代化，以乡村培训、人才下沉赋能乡村人才现代化，以乡村新型政务平台、信用体系赋能乡村治理现代化，走出了一条以新金融赋能乡村振兴的"建行路径"。

以创新型金融服务模式赋能乡村产业现代化

中国建设银行近几年不断探索商业金融支持产业发展的有效模式和实现路径，运用数字化优势，创新推出"智慧农业产业链生态场景"金融服务模式，很好地解决了乡村产业发展过程中存在的资金缺乏及产业链割裂等问题。同时，中国建设银行还利用传统信贷优势不断创新出支持农村新业态的金融产品，为乡村产业振兴贡献"金融活水"，走在了各类金融企业的前列。

一是充分发挥新金融科技优势，参与产业链发展全环节，大力推动农业一二三产业融合发展。中国建设银行针对传统涉农金融渠道缺乏、成本较高、收益不足、安全难以兼顾等问题，运用数字化工具，积极应对涉农一二三产业日趋融合的新变局，通过系统、产品和服务模块化装配，创新推出"智慧农业产业链生态场景"金融服务模式，构建了各具特色的农业产业链生态场景金融服务体系，形成以全场景、全客群、全产业链为服务对象的新型业务模式，覆盖农业产业主要形态、契合农业产业主要需求、连接产业集群各类主体、对接有效金融需求。围绕乡村产业，中国建设银行有效地搭建了一系列特色农业产业链金融服务系统，有效地服务到了粮食、蔬菜、水果、肉牛、奶业、花卉等产业链。在山东，建设银行携手地方政府，打造山东寿光蔬菜智慧生态平台体系，绘制蔬菜产业全景"一张图"，帮菜农管大棚、帮市场管交易、帮政府管市场，推动蔬菜生产标准化、交易透明化、监管数据化和流通可溯化。在内蒙古，建设银行根据行业发展趋势和自治区奶业振兴规划，针对奶业全产业链、全周期，设计贯穿奶牛种源基地培育、优质饲料种植、奶源基地建设、民族奶制品发展、奶加工品牌企业及其下游经销商的综合金融服务，涵盖产业链大中小微企业、农村集体经济组织、农民专业合作社、个体工商户等各类主体，很好地实现一二三产业有效融合。

二是充分发挥传统信贷资源优势，充分考虑各地区差异化需求，有效助力特色产业更好更快发展。中国建设银行以金融服务积极支持乡村产业发展，系统性搭建出了"乡村振兴贷款"产品框架，各地区分行因地制宜，及时推出地方特色贷款产品，有效满足了不同地域、不同农村客群的差异化需求。在内蒙古分行试点生物活体抵押，推出"奶牛抵押贷款""裕农生猪贷"，有效解决了中小型养殖场贷款额度不足的难点，又为其提供活体监管科技和养殖保险，合作双方均无后顾之忧；为配套农村土地改革，在北京分行推出"集体经营性建设用地项目融资贷款"，帮集体土地打开了金融大门；在黑龙江分行创新推出金融支持农业生产托管的"兰西模式"，成为推动农业社会化大生产的全国样本，等等。建设银行的特色贷款产品满地开花，有力支持了生产主体扩大生产的急迫需求，成为建设银行服务乡村振兴的重要助力。

以乡村培训、人才下沉赋能乡村人才现代化

针对目前农村缺乏专业化人才、农民素质普遍不高等一系列问题，中国建设银行积极作为，充分整合自身资源，积极协调各方教育资源，构建起乡村培训新模式，赋能农业人才培养，成为金融企业助力乡村人才振兴的成功案例。

一是整合教育资源，提供丰富的金融、非金融培训服务，有效提升农民专业化能力。目前，中国建设银行已经建成2531家"裕农学堂"，为农民传递党的声音、传达国家的政策、传播农民朋友需要的金融知识及现代信息知识。此外，中国建设银行依托"金智惠民"频道，聚合高校、农业

科研机构、创新企业等资源，面向产业带头人、农户、扶贫干部、返乡创业人群整合开发契合农村实需的"金智惠民"精品课程，包括乡村金融、基层党建、冷链物流、直播技术等在线培训课程120余门，把专业培训送到田间地头。

二是实现"人才下沉"，与地方政府联合构建起高素质乡村治理人才培养机制。中国建设银行与地方党委政府合作，创新人才培养机制，成功打造了"金融副村长"模式，有效地深化了农村金融服务，极大地助力农村经济发展、农民增收致富。在内蒙古联合呼伦贝尔市阿荣旗委组织部，利用返乡驻村大学生村官，为全旗148个村每个村配备一名金融副村长，帮助农民掌握了解金融产品服务，协助办理金融业务等，取得了积极效果并在全自治区推广。阿荣旗148名金融副村长协助完成"裕农快贷"授信4421笔，授信金额3.11亿元。在河北，建设银行与地方政府、村委会联合打造"村委会+金融顾问+裕农通"的服务模式，建立起4000余人的金融顾问队伍，为村民提供优质的金融服务和人社服务，得到了省委、省政府的点赞。

以信息化、信用化治理赋能乡村治理现代化

银行参与乡村治理，只有不断深入农村，延长服务触角，了解农业，读懂农民，正确认识城市与乡村治理的差异性，才能真正发现并解决乡村治理的难点与痛点。中国建设银行以政府"帮手"的角色介入乡村治理，想政府之所想，急政府之所急，灵活运用新理念、新科技等一系列自身优势，搭建了多种智能化的乡村治理信息平台，大大提高了乡村资产、村务管理的效率。此外，中国建设银行还积极探索建设农村信用体系，为乡村治理注入了新动能。

一是利用金融科技优势，打造多个乡村治理信息服务平台，有效助力乡村治理数字化建设。中国建设银行在农村村务管理方面，积极推进"智慧村务平台"功能优化迭代，结合村务管理和民生服务实际需求，采用标准化流程服务村务管理，打通了基层政务服务"最后一公里"，有效地实现了乡村政务服务便捷化。在苏州永联村，建设银行打造出数据共享平台，汇聚村民信息、土地确权信息、村企财务等数据1.4亿余条，为村民信用评分提供了有力的数据支撑。中国建设银行在农村集体资产管理方面，推出"农村集体三资监管平台"，很好地满足了集体经济组织收支管理、财务管理、合同管理、统计监管等需求。中国建设银行在农村产权交

易方面，推出"农村产权交易平台"，有效地规范了农村产权交易品种、数量、价格等信息的发布，实现了农村产权资源要素合理、高效、顺畅流转。

二是利用金融科技优势，实现信用发现、量化和变现，有效助力农村信用体系建设。中国建设银行为解决当前乡村信用缺失、农户财产确权困难等问题，依托自身金融科技优势，积极与政府机构、农村合作经济组织、涉农企业等外部机构合作，深入有效地开展了农村信用体系建设实践探索，走在了同行业前列。中国建设银行从社会公德、职业道德、家庭美德、个人品德等方面，不断探索信用量化和变现的方法路径，建立健全适合于涉农经营主体特点的信用评价体系，助力改进农村政治生态、社会生态和信用生态，探索构建起农村信用体系。在湖北，建设银行围绕经营规模、销售收入、家庭资产等指标，建立农户信用评价模型，为湖北1710个村的10万户农户创建了信用档案；在山东，建设银行通过信息建档系统，深度挖掘农户信用要素，批量获得生产经验信息，为农户发放贷款，主动化解农民融资难题。在北京、辽宁、河北、山东、山西等地，建设银行依托裕农通平台，整合信用积分系统，有效地提升了乡村治理效能，为加强乡村治理注入了新动能。

上市公司如何助力乡村振兴高质量发展

张 琦

民族要复兴、乡村必振兴。全面推进乡村振兴，坚持农业农村优先发展，巩固拓展脱贫攻坚成果，加快建设农业强国，扎实推动乡村产业、人才、文化、生态、组织振兴。

在打赢脱贫攻坚战和助力乡村振兴的伟大实践中，众多上市公司扭住发展是解决"三农"问题的总钥匙这一关键点，将地区资源禀赋和自身特点能力相结合，"输血"与"造血"相结合，摸索出了切实有效的上市公司助力脱贫攻坚和乡村振兴新模式，为农村地区摆脱贫困，推进乡村可持续发展贡献了力量。

一、上市公司在助力乡村振兴过程中发挥重要作用

广泛动员全社会力量共同参与脱贫攻坚和乡村振兴，是我国乡村发展事业取得伟大成就的成功经验，是中国特色扶贫开发和乡村振兴道路的重要特征。多年来，上市公司在脱贫攻坚战和乡村振兴战略实施过程中主动担当作为，倾情投入人力物力财力智力，为决战决胜脱贫攻坚、全面推进乡村振兴作出了积极贡献。

（一）推动农村地区构建完善产业链条，提升农民可持续增收能力

上市公司大都处于所在产业链的核心地位，对上下游企业具有非常大的影响力和辐射力。在助力脱贫攻坚和乡村振兴过程中，上市公司根据农村地区的资源特征，以产业项目扶持、扶智扶志为抓手，积极扶持当地产业发展，促进劳动力就业，将农村地区的产业或企业纳入上市公司所处的产业链中，实现了当地产业长期良性发展，促进当地经济社会的全面

发展。

很多县域都有特色农产品，但由于缺少专业经营的人才、渠道和品牌，县域农产品企业往往有产品无渠道，有产品无品牌。比如，好想你健康食品股份有限公司通过整合品牌、产品、渠道等优势，围绕县域特色农产品，开展"一县一品、一区一店、一品千店、一店千品"的乡村振兴新模式，实现了上下游产业资源的有机融合，形成集种植、加工、物流、销售全链条的共享模式生态链。再如，云南白药充分利用维西县天然药用植物资源，联合企业、政府、农户，探索多方参与的模式，打通产业链，解决中药材种植产业发展在资金、技术、产品收购等方面面临的问题，引导农户走上脱贫致富的道路。

（二）促进城乡生产要素双向自由流动，破解农村地区资源要素发展短板

上市公司拥有较强的规模优势，特别是在技术、人才、资金等农村发展急需的要素方面拥有雄厚资源和比较优势。在助力脱贫攻坚和乡村振兴过程中，上市公司充分利用自身各类要素禀赋比较优势，利用多渠道、多机制、多平台，将其积极注入扶贫和乡村振兴工作中，帮助解决了农村地区经济社会发展所急需的人才、技术与资本等问题。产业兴旺是实现乡村振兴的基石，金融机构能够发挥专业优势，服务乡村企业借力资本市场做大做强，破解资金不足难题。长江证券遵循"实、创、人"三字诀，引导资本流向农村，推动基础设施完善，同时注重人才培养，为农村经济发展注入持续动力。

中联重科基于技术优势，陆续推出应用了人工智能技术的小麦机、水稻机和植保机等创新产品，并将农机农艺融合，通过"天、空、地、人、农机"五位一体数据采集，实现农业生产全过程的信息感知、智能决策和精准作业，助力"中国饭碗"端得更稳，让乡村振兴成色更足。

（三）提升农村地区基础设施和公共服务水平，改善农民生活条件

上市公司所在行业分布，大都属于关系国民经济重要行业和重大基础设施等，很多也是农村地区迫切需要发展的行业。在助力脱贫攻坚和乡村振兴过程中，上市公司充分发挥行业优势，从解决农村地区和群众最急需、最迫切的实际问题、基础保障类问题入手，积极改善当地的交通、电力、通信、水利、医疗等基础设施，提升当地公共服务水平，为经济发展

打下良好基础，持续增强人民群众的获得感、幸福感。

乡村医生是基层百姓健康的"守门人"。自 2017 年起，复星基金会持续开展"健康暖心——乡村医生健康扶贫项目"，通过村医保障、能力提升、大病患者救助、暖心村医评选、智慧卫生室升级工程，全方位帮扶乡村医生。目前，项目已帮助 2.4 万名乡村医生，惠及 300 万农村家庭。

教育在乡村振兴中发挥着基础性、先导性作用。居然之家在助力罗田县乡村振兴过程中，投资 4000 万元高标准兴办了罗田县文斗河未来小学，彻底解决了周边 8 个村上学难的问题，为农村孩子成长和接受优质教育创造了良好环境。

（四）有效增强了脱贫地区和脱贫群众的内生动力

上市公司参与脱贫攻坚和乡村振兴并不是简单的给钱送物，更是为脱贫地区和脱贫群众带来了产业、就业和各类培训，同样也是一场扶智扶志的生动实践。在参与上市公司主导的产业发展和就业增收过程中，脱贫地区农民不仅学习到了产业技术、经营管理、市场营销等能力本领，还感受到了企业家干事创业、主动求变、坚韧不拔的意志品质，激发了其依靠劳动创造美好生活的内生动力。

洛阳钼业坚持"造血式"帮扶栾川县小河村，积极为村民提供创业致富信息，为有技术、有能力的农民提供创业帮扶资金，通过扶持村民创业致富，树立起一批靠技能、靠科技致富的典型，实现了"授人以渔"。淘天集团发起的"村播计划"，通过开设村播学院等方式，培训普通农民主播，让农民自身直接对接市场，帮助农民提升自我发展能力，推动农村更高效地销售特色农产品。

根据上市公司披露的信息，参与脱贫攻坚和乡村振兴工作的上市公司数量从 2017 年的 854 家增加至 2020 年的 1514 家，投入的扶贫项目金额也从 2017 年的 340 亿元增长至 2020 年的 890 亿元，仅 2017 年一年便有 711.07 万名建档立卡贫困户从中受益。2021 年开始，上市公司进一步结合自身的资源禀赋与所处行业的特点，积极推动脱贫攻坚成果巩固拓展，助力实现乡村振兴。2022 年，仅沪市便有 750 家上市公司深入乡村振兴一线，合计投入近 800 亿元，通过资金帮扶、消费帮扶、产业帮扶、就业帮扶、人才振兴等多种举措，促进农村地区产业的可持续、高质量发展。

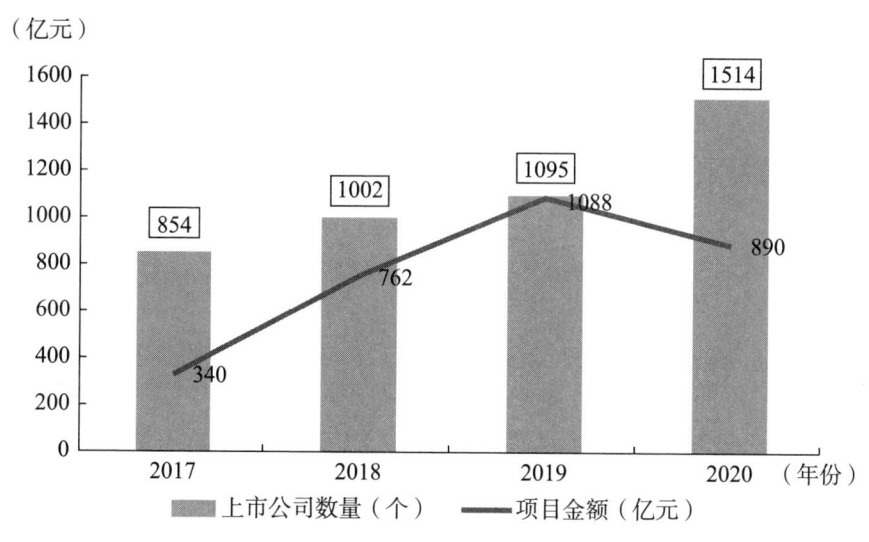

图 1　上市公司数量及投入项目金额

二、上市公司参与扶贫与乡村振兴的模式创新和经验积累

全面推进乡村振兴的深度、广度、难度都不亚于脱贫攻坚。上市公司在助力脱贫攻坚和乡村振兴过程中不断创新帮扶模式，为助力乡村振兴高质量发展积累了丰富经验。

（一）帮扶模式创新

单向让利模式。即以利润转移为手段，使上市公司与农民群众搭建起短期联系，从而直接取得帮扶成效的一种模式。根据利润转移是直接还是间接，单向让利模式又分为直接捐赠与倾向性交易。直接捐赠是指上市公司对农民的公益性捐赠活动。而倾向性交易是指上市公司从农民或者农村地区购买商品，并将该商品作为终端产品直接用于公司内部消化，目前多以消费帮扶形式呈现。

拓展性帮扶模式。即以无偿满足农村居民生活所需为目标，上市公司开展的一系列单向、非生产性帮扶活动的总称，主要包括上市公司参与基础设施建设（乡村建设）、教育条件改善、医疗水平提高、生态环境改善，提升乡村治理水平等。此类帮扶模式主要目的是满足农村居民的生活所需，并不涉及为其提供生产要素，受益者与上市公司之间也并不存在生产合作关系。比如，健康元每年向欠发达地区捐款100万元，用于为低收入的慢性病中老年患者提供免费药品援助，在一定程度上帮助家庭缓解经济压力，辅助更多当地居民建立和深化慢病管理的认知，提高了村民对慢性病的防控以及治疗意识，防止了因病返贫，助力乡村振兴。再如，爱尔眼科在农村地区广泛开展义诊筛查、科普宣教及手术救助等帮扶行动，逐步构建起一个辐射老人、儿童、妇女、残疾人等弱势人群，覆盖白内障、青光眼、眼底病、角膜病、近视防控等多个病种的眼健康关爱救助体系。

嵌入式合作模式。即上市公司将优势资源内嵌于农民所拥有的资源当中，并通过重新整合、优化配置，使要素得到合理利用，促成上市公司与农民建立长期合作关系的一种利益联结、互惠互利的帮扶模式，主要涉及乡村产业发展、就业帮扶等实践领域。比如，中国联通发挥物联网、大数据、云计算等技术能力，加速信息技术在种植业、养殖业、渔业等传统农业产业领域的渗透，打造了覆盖"耕种管收"全环节的数字农场，助力农业产业链实现"产得好、卖得好、管得好和服务好"。目前中国联通已在全国各省（区、市）打造各类智慧农业重大项目1000多个。

全方位发展模式。即上市公司通过多种途径促进农村地区发展和农民增收的发展模式。全方位发展模式具体包括单向让利、拓展性帮扶以及嵌入式合作的两种或两种以上模式的融合，是实力雄厚的上市公司或者上市公司集团对某一个地区实行的具有强烈针对性的帮扶措施。比如，广发证券在助力海南省白沙县、临高县等地区脱贫攻坚和乡村振兴过程中，通过在帮扶地区抓党建建强乡村振兴"组织板"，通过帮生产巩固农户脱贫"民生板"，通过健全产业链条提升乡村"产业板"，通过设立专项资金完善便民利民"设施板"和"服务板"，补齐了帮扶地区农业农村发展短板，为实现乡村振兴高质量发展打下了坚实基础。

（二）始终强调精准，因地制宜、精准施策

从脱贫攻坚到乡村振兴，"精准"二字贯穿始终。在脱贫攻坚阶段，上市公司落实精准扶贫方略，针对贫困群众找准"穷根"，明确靶向、对症下药。在助力乡村振兴过程中，上市公司因村施策、因地施策，盘活农村地区资源，因地制宜补短板强弱项，带动农户增收致富，提升自我发展能力。

（三）立足自身优势，充分发挥企业资源禀赋和产业特长

上市公司在农村地区持续加大参与乡村建设力度，帮助农村地区补齐电力电网、通信设施、交通道路等基础设施短板。充分发挥在资金、技术、人才、市场等方面的优势，通过产业帮扶、技术培训、人才支持等方

式，将企业的资源禀赋引入到农村地区，为农村地区经济发展、农民增收致富创造条件。此外，部分上市公司还通过派驻驻村工作队等方式参与乡村治理，提升乡村治理现代化水平。

（四）增强乡村发展内生动力，打造乡村发展新引擎

推进乡村振兴，关键在人、关键在干。在助力扶贫和乡村振兴过程中，上市公司注重提高农民群众发展生产、务工经商技能，注重增强脱贫群众改变现状、自我发展意识，注重营造通过勤劳致富的社会氛围。同时，上市公司积极助力教育帮扶、开展医疗帮扶，把扶智扶志同发展生产相结合，最大限度地激发了农民群众和农村地区的发展潜力。

（五）持续探索创新，不断开拓助农带农新路子

上市公司针对农村地区发展实际，积极运用高科技、信息化、"互联网+"等手段方法，把企业的市场观念、先进经营理念和管理经验运用到助农带农实践中，在发展思路、发展路径、组织模式等方面不断创新，推动农村地区特色产业特色资源与市场对接，更好更快地实现品牌化，扩大影响力，提升致富能力。

三、上市公司助力乡村振兴高质量发展的展望

作为推动国民经济增长的重要力量，上市公司资本雄厚、人才和科技储备充足，可以有效满足农业农村现代化对各类资源要素的强烈需求，在助力乡村振兴高质量发展、推动农业强国建设进程中大有可为。

（一）加大跨界合作力度，推动参与方式多元化

乡村振兴是包括产业、人才、文化、生态、组织等全方位的振兴。农业农村现代化是涵盖农业、农村、农民的全面现代化，既包括物的现代化、人的现代化，也包括乡村治理体系和治理能力的现代化。这就决定了单一上市公司越来越难以仅仅通过自身力量助力乡村全方位发展，上市公司除了发挥自身优势以外，还应链接其他领域的力量，寻求跨界合作，发挥政府、行业组织等多方力量，在政策引导、资金支持、产业发展、干部交流、人员培训等方面相互配合，形成多方参与格局，共同服务于乡村振兴高质量发展。

(二) 尊重市场发展规律，充分发挥市场的主导作用

乡村振兴战略实施周期长，涉及主体多，具体到地区特色主导产业的培育和县域经济的增长，均需要尊重市场规律、发挥市场作用，短期内不顾产业发展规律和不计后果的投入模式将最终难以为继。助力乡村振兴高质量发展和农业强国建设，大部分上市公司选择以产业作为抓手，在产业培育和发展过程中，上市企业需要遵循市场运行机制，关注消费需求的变化和供求关系的调整，重视产品质量的提升、服务品质的改善、商业模式的创新和市场风险的防范，循序渐进，久久为功，避免盲目蛮干、急于求成、半途而废。

(三) 完善利益联结机制，注重各方利益协调

在助力乡村振兴高质量发展过程中，上市公司与农民的互动实践往往是多样态的，虽然存在合作目标有差异、资源供需不匹配等问题，但两者合作并非单一面向。推动乡村振兴，必须基于利益共享、风险共担的原则与前提，创新构建收益增加、利益持久、权益维护的联结机制，保护农民利益。此外，乡村振兴是一项长期工程，作为投资的重要主体，上市公司也需要获得一定的经济效益以扩大再生产。在利益分配方面也要兼顾上市公司自身的投入和后期发展，尽量做到收益的均衡分配，实现多元主体共赢。

(四) 持续提升农户综合发展能力，助力培育高素质农民

农民既是乡村振兴和农业强国的受益者，又是建设者。必须充分发挥广大农民的主体作用，全面提升农民的综合素质，调动农民的积极性、主动性和创造性。在助力乡村振兴高质量发展和农业强国建设过程中，上市公司可以通过组织相关农户开展专业知识学习、技能培训、座谈交流等方式，促使农户拓宽视野、解放思想、开阔思路，树立和强化市场观念、诚信意识和契约精神，实现自我发展的能力和素质，成为能够经得住市场考验和时间检验的新时代农民。

建设农业强国
走中国式农业农村现代化之路

——积极打造高质量乡村振兴的齐鲁样板

一、建设中国式现代化农业强国面临的挑战

（一）农业发展面临的普遍难题——自然灾害

2022 年，我国自然灾害以洪涝、干旱、风雹、地震和地质灾害为主，台风、低温冷冻和雪灾、沙尘暴、森林草原火灾和海洋灾害等也有不同程度发生，对农业发展造成了较大程度的损失。

一是长江流域发生历史罕见夏秋冬连旱，影响范围广、造成损失重。2022 年，受副热带高压偏强偏大和拉尼娜现象等影响，我国平均气温偏高。其中，长江流域干旱是有完整实测资料以来最严重的气象水文干旱，中旱以上日数为 77 天，较常年同期偏多 54 天，为 1961 年以来历史同期最多。旱情峰值时，农作物受灾面积 6090.2 千公顷，直接经济损失 512.8 亿元。

二是低温雨雪冰冻影响西南、中南地区，新疆局地雪灾严重。2022 年，我国共遭受 35 次冷空气过程影响，较常年偏多 5.9 次。低温雨雪冰冻灾害造成西南、中南地区受灾较重，直接经济损失占低温雨雪冰冻灾害全年损失的 80%。2022 年低温冷冻和雪灾共造成 870.7 千公顷农作物受灾，直接经济损失 124.5 亿元。

（二）分散经营格局破除难度大，小农户与大市场矛盾突出

小规模农业经营目前仍是我国农业的基本格局。现阶段，我国小农户和新型经营主体参与大市场的能力相对较弱。小农户和新型经营主体的经

营规模扩大也还面临资源配置成本高、经营能力有限、市场风险加大、社会环境不佳等多种约束，难以充分发挥规模效益。据第三次农业普查数据，中国小农户数量占农业经营主体的98%以上；小农户从业人员占农业从业人员的90%；小农户经营耕地面积占总耕地面积的70%，其中，经营耕地10亩以下的农户数达2.1亿，远低于现代农业规模生产的门槛值。过于分散的农户经营方式制约了家庭生产能力最大化，增加了农业规模化和农民增收的实现难度。

我国农户兼业化特征突出，农村人口老龄化形势严峻。2020年全国乡村60岁及以上人口占比达到23.8%，65岁及以上人口占比达到17.7%，分别比城市高8.3个、6.9个百分点。因此，中国要迈向现代化的农业强国，必须在推动适度规模经营的同时，让农业生产向专业化经营者和职业农民集中，形成具有中国特色的现代农业经营方式。

（三）我国城乡发展不平衡，城乡要素流动受限

人才大量进城，乡村引才难。第一，进入21世纪以来，我国农村劳动力快速向非农产业转移。2021年，全国农民工总量为29251万人。伴随着大量的青壮年劳动力进城务工，农村剩余人口以老人、妇女和小孩为主。第二，现代农业的发展更多需要先进技术、装备和经营理念的支撑，而上述群体在先进要素运用方面并不具备优势。第三，涉农产业相对单一，与城市产业相比缺乏竞争力，城市人才难以在乡村获得与在城市同等的报酬。第四，农村相应的基础设施和公共服务供给不足，导致乡村人才大量进城，而城市人才返乡创业意愿不足。

资金流入城市，农民贷款难。我国金融体系呈现出典型的二元结构，城市和农村金融体系出现二元对立，农村金融资源向城市单向流动。农户向银行机构申请贷款时由于彼此间的信息不对称和缺乏有效担保抵押而难以获得正规金融部门的贷款，资金需求更多是依靠农村非正式金融的支持。2020年末，我国农村（县及县以下）贷款余额32.27万亿元，仅占2020年末金融机构人民币各项贷款余额的18.68%。

土地流动受限，农地入市难。第一，随着城镇化快速推进，农业转移人口数量不断增加，农村宅基地和住宅闲置浪费问题日益突出。农村宅基地只能在村集体内部流转，导致宅基地闲置加剧，耕地资源越来越少，土地资源利用效率较低。第二，我国城市用地是国有制，农村用地是集体所有制，现阶段城乡之间土地实现一体化大市场交易缺乏明确的法律来规范。第三，农村集体建设用地所有权归属不清现象突出，拥有资格权和使

用权的农民无法单独完成集体经营性建设用地入市的决策,而其代理者村委会又很难与多数农户作出一致决策,集体土地入市的交易成本较高。

(四) 我国农业国际竞争力不强,产业化水平亟待提升

农业生产投入成本高、比较效益低。第一,中国小麦、水稻、玉米、大豆等种植成本普遍比国际市场高40%~70%。第二,国内基于农业全产业链的分工协作体系尚不健全,农业产业化龙头企业与中小企业、农民合作社、社会化服务组织等主体间合作有待强化,在联农带农和完善利益分配等方面,农业产业体系的功能需要进一步发挥。第三,目前我国一二三产业融合机制还不够强,对农业高质量发展的促进作用有限。农产品加工业需要向精深化、高端化拓展,农村电商、休闲农业等需要全面提升发展层次和质量。

中国种业的产业化和市场化水平还较低。第一,目前拥有较高附加值农产品的核心种源大部分仍掌握在国外公司手里,中国对种质资源的开发和利用不足。第二,在农机制造方面,目前国产农机还不能适应大部分作物的全部作业环节,尤其是经济作物的机械化水平还较低,高端农机具主要依靠进口。目前,我国250马力以上的大型农机中,进口农机占90%以上。第三,中国大多数的智慧农业关键核心技术还处于跟踪阶段,尤其在基础研究、作物模型和数据积累等方面相对薄弱,农业物联网、大数据、人工智能等技术在国内还基本处于试验阶段。

二、中国式现代化农业强国的基本特征

第一,人口规模巨大的现代化决定了我国农业综合生产能力要强。我国人口约占全球总人口的18%,要实现如此大规模人口的现代化,就要求我国建成的农业强国必须综合生产能力要强,要能够保障粮食的稳定安全供给。

第二,全体人民共同富裕的现代化决定了我国农业带动农民增收能力要强。现阶段我国城乡收入差距还较大,2022年城乡居民人均可支配收入比仍高达2.45。与此同时,2013—2021年,来自种粮收入和其他农业生产经营活动收入构成的家庭经营性收入比重从41.73%下降到34.68%,这要求我国建成的农业强国必须有力带动农户,尤其是种粮农户增收。

第三,物质文明和精神文明相协调的现代化决定了我国农业多功能拓展能力要强。我国要实现的现代化要物质财富的富裕,还要精神财富的富

足，这要求我国建成的农业强国不仅要发挥好农业基础性功能，还要更好地拓展农业的文化传承、生态涵养、休闲观光等多种功能。

第四，人与自然和谐共生的现代化决定了我国农业可持续发展能力要强。不同于西方国家的"先污染、后治理"的现代化道路，我国要实现的现代化强调人与自然的和谐共生，这要求我国建成的农业强国农业绿色发展水平要高，可持续发展能力要强。

第五，走和平发展道路的现代化决定了我国农业国际合作能力要强。我国的现代化道路是和平发展的道路，这就要求我国在建设农业强国过程中在农业领域的国际合作能力强，"引进来"和"走出去"水平要双高。

三、如何推进中国式现代化农业强国之路

（一）完善发展支持保障机制，提升农业综合生产能力

建设农业强国，提升农业综合生产能力是关键。一是完善农业人才支撑机制：引进现代农业及乡村产业发展的新型职业群体，培育专业化高素质现代乡村产业工人队伍；配套做好乡村环境综合治理；将更多教育资源向综合性农业类专业倾斜，培育复合型农业人才。二是建立健全农业产业帮扶机制：出台长期可持续性的扶持农业龙头企业、新型经营主体发展的优惠政策措施和帮扶机制。三是完善农业投入保障机制：完善涉农资金统筹整合机制，提升财政投入的效益；创新涉农金融产品和服务方式，大力推进普惠金融；积极引入社会资本，强化社会资本投资农业的积极性和主动性。

（二）完善联农带农机制，提升农业助农增收能力

建设农业强国必须坚持以农民为中心，完善联农带农机制，把更多增值收益留在农村、留给农民，促进农民增收。一是纵向延伸农业产业链：加强农产品生产、加工、仓储、物流、销售等全产业链建设，将更多农民纳入农业产业链条，多渠道提高农民收入水平；二是横向延伸农业产业链：充分拓展农业多种功能价值，挖掘农业在生态涵养、休闲体验、文化传承等方面的功能，创新农业产业新业态、新模式；三是促进多元主体共同发展：积极探索完善"龙头企业＋示范基地＋农户""龙头企业＋合作社＋家庭农场＋农户"等农业产业运营模式，大力发展家庭农场，鼓励合

作社联盟，构建和完善多元主体多样化、深层次合作机制，推动农业经营主体开展订单农业、利润返还、股份合作、社会化服务等形式，充分有效带动农民增收。

(三) 挖掘多元功能价值，提升农业多功能拓展能力

农业具有经济、政治、文化、社会、生态等多种功能。要促进农业从单纯衣食功能向多功能转化。一是挖掘农业的政治功能：发挥农业政治功能首先要保障粮食自给，确保粮食主权。二是挖掘农业的文化功能价值：要注重农产品品牌文化的塑造，增强农业发展的软实力。三是挖掘农业的社会功能价值：促进农业就业和社会保障事业的发展，减少农村人口盲目向城市流动，从而保持社会稳定。四是挖掘农业生态功能价值：提高农业产业循环化、生态化水平，促进农业发展模式向绿色低碳转型。同时要以乡村休闲旅游业为重点拓展农业多种功能，利用好稻田、茶园、花海、牧场等田园风光，推动休闲观光农业转型升级。

(四) 大力发展绿色农业，提升农业可持续发展能力

必须全面贯彻"绿水青山就是金山银山"的发展理念，将绿色发展理念贯穿农业生产、分配、流通、消费的全过程。第一，构建绿色农业标准体系：完善绿色、有机农产品的生产技术规程标准，严格规范农业生产资料到农业生产全过程投入，规范清洁化生产等技术操作规程。第二，完善农业绿色生产的支持政策：完善有机农业用地和绿色农业用地的保护政策，构建促进农业资源合理利用与生态环境保护的农业补贴政策体系，有效利用绿色金融激励机制支持农业绿色发展。第三，推动绿色生产科技创新：加强绿色生产技术研发与推广，以控肥控药、作物育种、产地环境修复等为重点，开展农业绿色生产技术攻关。推动高校、科研院所、企业等共同组建农业科技创新联盟，加强农业投入品减量化、生产清洁化、废弃物资源化等生产技术的集成研究和应用推广。

(五) 推进高水平对外开放，提升农业国际合作能力

建设农业强国，要坚持合作共赢的原则，适度推进农业"走出去"和"引进来"。一是聚焦国内短缺农产品，加强贸易合作：在防范风险的前提下，加强多边合作，强化与周边国家的粮农合作，坚持农产品进口多元化，促进优势特色农产品出口。二是切实提高我国粮食海外供应链的安全性：加快培植世界一流的现代国际大粮商、大型跨国农业企业，支持鼓励

国内农企融入全球供应链，建设农业对外开放合作试验区、农业合作示范区等合作基地。三是提升国际贸易体系中的话语权：积极参与全球粮农治理，深化农业领域多双边交流、对外贸易投资、对外援助和技术合作，提高国际贡献度和影响力。

1. 高质量乡村振兴的目标要求

构建高能级的乡村产业体系。高质量乡村振兴需要有高能级的乡村产业体系做基础。构建高能级的乡村产业体系必须有机联系供给、需求、资源配置、消费等环节，融入现代化产业体系，与先进制造业、现代服务业等现代化产业体系的"组件"相融相长外，还要有现代化的文化、科技、教育、生态环境治理等作为支撑。

建立完善的乡村人才支撑体系。高质量乡村振兴需要有高质量的人力资本作支撑。农村人力资本投资通过提升农村劳动者素质，对促进农业绿色增长、农村劳动力转移、缩小城乡收入差距、保障粮食安全、促进乡村振兴具有重要作用。实现乡村振兴高质量发展，要围绕"农业强、农村美、农民富"的目标，构建富有效率的人才支撑体系，创新人才引进、培养和激励工作机制，培养和造就一大批符合时代要求、具有引领和带动作用的乡村人才。

塑造繁荣的乡村思想文化体系。高质量乡村振兴要有高质量的文化作引领。文化是支撑和引领一个国家和民族经济社会发展最基础、最持久的力量，是高质量乡村振兴的灵魂。高质量乡村振兴强调以社会主义核心价值观为引领，通过制定村规民约、开展移风易俗等行动，培育文明乡风、淳朴民风、良好家风，推动建设风尚美、人文美的文明乡村。

打造可持续的乡村绿色生态系统。高质量乡村振兴需要可持续的乡村绿色生态系统作承载。农业农村是一个完整的自然生态系统，是自然与人类和谐共生发展的外在环境，可持续的乡村绿色生态系统是高质量乡村振兴的基础条件。高质量乡村振兴要求树立绿水青山就是金山银山的理念，以绿色生态为引领，尊重、顺应和保护自然，加快转变生产方式和生活方式，建设生活环境整洁优美、生态系统绿色健康、人与自然和谐共生的生态宜居的美丽乡村。

构建高效的乡村组织体系。高质量乡村振兴需要高效的乡村组织体系作保障。高质量乡村振兴要求不断强化基层党组织建设，全面提升基层党组织的组织力、凝聚力、战斗力，打造坚强的农村基层党组织，培养优秀的党组织书记，发挥农村基层党组织战斗堡垒作用，为乡村振兴提供坚强的政治保证和组织保证；农民合作经济组织与乡村振兴具有相互促进、互助共赢的内在逻辑关系，需要充分发挥农村集体经济组织在组织生产、带动农户方面的积极作用。

2. 山东乡村振兴的典型模式

产业融合带动模式。即通过龙头企业构建"公司+新型农业经营主体+农户"机制，把小农户与现代农业发展紧密衔接。比如莱阳市发挥龙头企业带动作用，依托预制菜产业联盟，以合作社等新型经营主体为纽带，不断完善"产业联盟+龙头企业+农民专业合作社+农户""产业联盟+龙头企业+村集体经济组织+农户"等模式。

片区联动开发模式。即通过统筹规划、产业聚合、资源整合、组织联合等方式，实现片区整体提升。在此过程中，淄博市重点探索了规划引领型、产业带动型、农文旅融合型以及党建引领型四种模式，实现了科学布局、综合发展。

生产托管服务模式。围绕解决"谁来种地，地怎么种"问题，结合土地流转，将农业生产的一个或多个环节委托给社会化服务组织，发展适度规模经营。淄博市临淄区齐陵街道推行"街道主导、村委负责、鲁供管理、群众参与"的土地托管模式，建立健全"土地股份合作+全程托管+保底收益+二次分红"增收机制，增加了农民收入，扩大了村集体经济发展。2022年齐陵街道21个村托管土地6434亩，其中有4个村集体收入突破50万元。

文化传承涵养模式。把赓续红色基因与传承中华优秀传统文化结合起来，通过挖掘活化古村落、传统手工技艺等资源，发展研学教育、旅游体验等新业态。比如，作为"中华陶琉文化城"和"中国琉璃之乡"，博山区以传承陶琉文化为抓手，通过专业人才培养激发乡村文化振兴新动能，通过推动文旅融合助农增收，不仅让传统文化火了起来，还为农户增收创造了新机遇。

人才智力支撑模式。将人力资本开发放在首要位置，畅通智力、技术、管理下乡通道，建立自主培养与人才引进相结合的机制，壮大地方人才队伍，实现乡村人才全面振兴。淄博市沂源县立足山区农业县发展实际，坚持人才引进和本土培育齐头并进，"领头雁""新乡贤""土专家"等各类精英人才并存并重，推动沂源县乡土人才队伍建设。

"两山"理论实践模式。即统筹系统治理，打开"绿水青山"变"金山银山"的通道。比如淄博原山林场在党组织领导下，艰苦创业、改革创新完成了优化生态环境、保护生态资源、利用生态优势、发展生态产业的过程，用实际行动践行了"绿水青山就是金山银山"的理念。

党组织领办合作社模式。通过党组织领办新型合作经济组织，构建集体与农户之间新的利益联结机制。比如，寿光市稻田镇积极发挥党组织"红色引擎"作用，创新"党支部+合作社+农户"的生产经营模式，以"党建链"串起"产业链"，112个村实现党支部领办合作社全覆盖，带动全镇村集体增收500余万元。

党组织联建共建模式。在村与村、村与企业、村与合作社等组建联合党委或党建联合体，以组织联合促进融合发展、协同治理。比如，针对部分村庄规模小，在乡村振兴中缺人才、无产业、少资源的问题，淄博近年来持续推行"联村党建"机制，以党建联建带动乡村抱团发展、共富共兴。目前全市已成立"共富联合社"78家，发展共富项目97个。

社会力量撬动模式。各类金融机构、科研院所、国有企业、社会组织等，发挥自身优势，撬动各类资源要素向乡村聚集，为推动乡村振兴提供强力支持。近三年来，山东省社会组织共投入乡村振兴资金17.85亿元，开展帮扶项目6870个，受益群众1430万人次。

四、如何打造高质量乡村振兴齐鲁新样板

（一）激活农民群众参与样板打造积极性，破解内生动力不足难题

广大农民群众是乡村振兴的主体，打造高质量乡村振兴齐鲁新样板必须调动农民的积极性，提升农民内生动力。目前，山东乡村振兴的各类模式均强调农民群众参与，但大多是被动参与或纳入，农民参与各项模式的能力也有所不足，容易出现"干部在干，农民群众在看"的局面。比如，由于对"两山"理论实践模式了解较少，农民参与积极性并不是很高。再如，数字赋能驱动模式将农业与大数据、云计算等数字化技术有机结合，但很多农民并不具备相关知识储备。为此，一是要加强各类模式的宣传力度，在各类模式落地实施过程中多倾听农民群众意见，实现各类模式"本地化"，提升农民参与程度。第二，通过组织开展专业知识学习、技能培训、座谈交流等方式，帮助农民拓宽视野、解放思想、开阔思路，提升参与各类模式的能力，成为打造高质量乡村振兴齐鲁新样板的有力推动者。

(二) 完善利益联结机制，注重各方利益协调

目前山东省乡村振兴的各类模式尤其乡村产业发展相关模式中，除了乡村振兴主体的农民，往往还有企业、合作社等各类主体共同参与。虽然两者合作并非"资本不成功便成仁"及"小农不抗争即顺从"的单一面向，但农民整体处于弱势地位。比如，产业融合带动模式在实施过程中，部分地区出现了企业不履行协议，压价收购或不愿收购的现象，损害了农民的利益和发展产业积极性。打造高质量乡村振兴齐鲁新样板，促进农民持续增收，必须基于利益共享、风险共担的原则与前提，创新构建收益增加、利益持久、权益维护的联结机制，保护农民利益。此外，作为投资的重要主体，企业和合作社等新型农业经营主体也需要获得一定的经济效益以扩大再生产。在利益分配方面也要兼顾上市公司自身的投入和后期发展，尽量做到收益的均衡分配，实现多元主体共赢。

(三) 探索多元投入机制，破解资金瓶颈

探索形成乡村振兴典型模式的最终目的是推广落地，为全省乃至全国高质量乡村振兴提供可资借鉴、可供学习的模式样板。目前乡村振兴典型模式，无论是产业基础设施的建设管护、传统文化的开发保护，还是乡村人才的引进培养，均需要强有力的资金作为支撑，大多数村庄难以通过有限的集体资产实现以上目标。实现高质量乡村振兴、打造齐鲁样板、必须解决好资金问题。为此，一是要加大金融支持力度，通过政策和市场化手段，推动农村金融机构回归本源，更好地满足乡村振兴多样化金融需求。二是要加大财政投入力度，发挥好财政资金的引导和杠杆作用，撬动金融和社会资本更多地投向乡村振兴。三是要制定完善相关优惠政策和法规，通过税收减免、土地使用权优惠等政策鼓励社会资本进入农村领域投资。

(四) 加快农村改革步伐，盘活农村闲置资源要素

山东乡村振兴的典型模式既是农村改革创新的结果，又需要不断改革创新创造新的生命力，打造成为高质量乡村振兴的新样板。目前，相对于浙江等省份，山东乡村振兴的各类模式对农村闲置资源要素的开发利用步伐相对较慢，而这又将反过来限制各类模式效果的发挥。比如，作为农民收入的重要来源，土地是农村最大的资源，高质量乡村振兴离不开土地要素作为支撑。当前农村土地闲散、宅基地闲置以及部分村庄空心化等问题仍然存在，土地资源的分散和闲置，导致农业效益低下，但目前各类模式

中均未将闲置土地资源的开发作为重点工作。为此，政府部门需要进一步强化制度供给，加快落实承包地"三权分置"改革，加快建设农村产权流转交易市场，加快农村集体产权制度改革，切实把乡村资源整合好、利用好。同时，积极探索新的闲置土地利用模式，或与现有典型模式相结合，加大闲置土地开发力度。

第二部分 论文成果

高质量乡村振兴的内在要义与提升对策

张　琦　李顺强

【摘　要】　2020年全面开启乡村振兴战略，乡村振兴工作全面铺开，整体进展良好。但在实践工作中，乡村振兴从"有没有"向"好不好"的转型仍然比较滞后。考虑到我国当前乡村发展转型阶段的复杂性和乡村振兴对我国高质量发展的重要性，高质量乡村振兴势在必行。高质量乡村振兴需要以高质量发展要求为指引，遵循乡村空间配置规律、社会发展规律、产业发展规律，走以人为本、提质增效、绿色引领的新时期乡村振兴之路。"十四五"时期，以人为本方面的重点是巩固拓展脱贫攻坚成果和基层干部能力建设，提质增效方面的重点是提高农村产业质量和农产品流通效率，绿色引领方面的重点是生产投入技术改造和建立村庄规划绿色指引。

【关键词】　乡村发展规律；乡村振兴；高质量发展；以人为本；提质增效

一、提出问题和文献综述

2022年10月16日，习近平总书记在中国共产党第二十次全国代表大会上提出："加快建设农业强国，扎实推动乡村产业、人才、文化、生态、组织振兴。"2017年10月18日，习近平总书记在中国共产党第十九次全国代表大会上提出："我国经济已由高速增长阶段转向高质量发展阶段，正处在转变发展方式、优化经济结构、转换增长动力的攻关期，建设现代化经济体系是跨越关口的迫切要求和我国发展的战略目标。"2021年3月，习近平总书记在参加十三届全国人大四次会议青海代表团审议时指出："高质量发展不只是一个经济要求，而是对经济社会发展方方面面的总要

---

① 基金项目：国家社科基金重大项目"伟大脱贫攻坚精神研究"（22ZDA091）的阶段性成果。

求；不是只对经济发达地区的要求，而是所有地区发展都必须贯彻的要求；不是一时一事的要求，而是必须长期坚持的要求。"乡村振兴作为经济社会发展的重要组成部分，高质量乡村振兴也是高质量发展的应有之义，是高质量发展要求在"三农"工作领域的应用和深化。乡村是城市建成区以外具有生产、生活、生态、文化等多重功能的地域综合体。振兴者，振发兴举、增强活力。乡村振兴就是在乡村发展的基础上增加一种奋发向上的力量机制。能否处理好城乡关系，让乡村尽快跟上国家发展步伐，关系社会主义现代化建设全局。高质量乡村振兴有助于把握乡村振兴方向，有助于规划乡村振兴路径，有助于实现乡村振兴与其他国家战略相衔接，关乎我国社会主要矛盾的化解，关乎农业农村现代化，关乎共同富裕战略目标的实现，是当前具有重要实践意义和理论意义的重大课题。

当前对高质量乡村振兴的研究强调高质量发展的重要性和实现路径，如黄承伟认为，实现乡村振兴的战略目标需要高质量发展，需要遵循乡村建设规律，高质量乡村振兴具有重要的时代价值，是实现共同富裕的必由之路。高质量乡村振兴需要在城乡融合发展中推进，需要统筹发展与粮食、社会、文化、生态的安全。但是对高质量乡村振兴深入和系统的研究文献却凤毛麟角。以2022年5月4日为查询截止时间，在中国知网中搜索全文中同时出现高质量发展和乡村振兴的SSCI文献共有6137篇，搜索全文中包含高质量乡村振兴的文献共有41篇，而专门研究高质量乡村振兴的文献不足10篇。具有代表性的是，王晓毅提出坚持农民主体地位是实现高质量乡村振兴的保障；沈费伟等提出数字乡村建设是实现高质量乡村振兴的策略选择；陈前虎等提出高质量乡村振兴需要政府、村集体、社会力量和村民等共同参与，需要城镇与乡村共同发力，形成业态、文态、生态、形态、社态等五态融合的共同缔造之路。这些研究有一个共同的特点，就是将高质量乡村振兴看作一个目标，从而提出实现该目标的路径和策略。也有部分研究从不同侧面研究了高质量乡村振兴的某个方面，如张琦认为立法对于解决乡村振兴的突出问题，贯彻新发展理念具有重要作用。夏显力等认为数字赋能能够助推农业高质量发展，但关键是要贯彻落实创新、协调、绿色、开放、共享的新发展理念。于法稳等认为乡村旅游迫切需要从注重数量向高质量发展转变，乡村旅游高质量发展是生态和经济和谐发展，满足人民日益增长美好生活需要的一种发展模式。叶兴庆结合未来15年乡村发展的重大结构性变化和乡村功能的重要性，提出建设"四高"乡村（高品质农产品生产、高活力创新创业、高品质居住生活、高颜值生态），整体体现了高质量乡村振兴的未来方向。

综上所述，已有文献主要研究了高质量乡村振兴的重要性，并从不同侧面阐释了高质量乡村振兴的内涵和路径。但是，总体来看，对高质量发展如何指引乡村振兴，高质量乡村振兴的内涵、目标、路径是什么等问题没有深入和清晰的研究。鉴于此，本文试图通过回答为什么提出高质量乡村振兴、什么是高质量乡村振兴、如何推动高质量乡村振兴等问题，弥补当前关于在乡村振兴中如何推进高质量发展要求的研究不足。

二、为什么要提出高质量乡村振兴？

从《中共中央 国务院关于实施乡村振兴战略的意见》到《乡村振兴战略规划（2018—2022年）》再到《乡村振兴促进法》，乡村振兴制度更加成熟。在此期间，各地也进行了一系列有益实践的探索。比如：在乡村建设方面，湖南省新化县油溪桥村开展"五清二建"工作和"351"日常保洁机制，重点包括清垃圾、清路障、清杂物、清庭院、清污染和"门前三包"、每月逢"五"全民清扫、每"一"月进行一次评比等举措。乡村治理方面，积极动员各界力量，激发农户内生动力，不断拓宽农村公共服务面。比如：云南省镇雄县干部规划家乡行动，广泛动员广大党员干部积极参与干部规划家乡行动，截至2021年11月底，开展了乡情恳谈会119余场、实地踏看190余次。社会事业发展方面，重点关注老人和小孩，探索了一批可行可复制的经验。比如：江西省新余市的"颐养之家"，为70岁以上农村留守、独居老人提供日间生活照料、精神慰藉等服务，平均每"家"建设费用10万元，老人入"家"每月缴费200元，整体可负担。

高质量发展就是从"有没有"转向"好不好"。发展的"有没有"是数量的问题，在过去通过高速度增长和硬件建设来解决；"好不好"是质量和效益问题，就是要通过高质量发展来解决。从笔者在中西部7个省份45个村庄的调研发现，当前很多村庄存在产业发展、乡村建设、乡村治理等方面质量不高的问题。结合我国乡村发展所处阶段的复杂性和质量提升的关键性以及乡村振兴战略在国家高质量发展中的重要性，乡村振兴战略向高质量发展转变势在必行，这既是乡村振兴问题导向使然，也是全面建成社会主义现代化强国目标导向的要求。

（一）当前乡村振兴中存在的问题

《乡村振兴战略规划（2018—2022年）》设置了22项主要指标，截至

2020年年底各项指标完成情况符合进度要求①。但这些指标更多的是体现"有没有"的指标，如村庄规划管理覆盖率、建有综合服务站的村占比、有村规民约的村占比等，而"好不好"的指标较少。实地考察乡村建设情况就会发现乡村振兴的质量让人担忧、后劲明显不足。

一是乡村产业项目多，但是科技水平低、市场竞争力弱。虽然云南、贵州、甘肃等中西部地区的特色农业具有发展潜力，但目前来看这些地区的农业仍然以传统种养殖业为主，小农经济的特征依然没有改变。导致中西部地区经济发展水平与全国平均水平的差距还比较大，比如西部地区有些脱贫县的人均GDP仅在1万元左右，为全国平均水平的1/7，财政自给能力多在5%以下。

二是农业产量基本稳定，但是农业造成的污染较为严重。当前农业增收的动力主要是化肥和灌溉，如果减少化肥使用量，那么粮食产量会下降。过量使用化肥不利于经济与生态的平衡以及农业生产的持续发展。同时，由于近20年来粮食的价格基本没有提高，导致农民种粮积极性很低，部分地区存在两季稻变一季稻、利用再生稻完成两季稻任务的现象。

三是乡村基础设施较全，但是有效利用率低、管护不够。许多村庄存在有路无车、有管道无水、有学校无老师、有污水设施无处理、有娱乐场所无人用、有卫生室无医生等问题。高寒地区冬季水源不稳定、来水量比较少问题较为突出，许多山区村的饮用水是小工程供水，存在没有净化就直接入户的问题。

四是乡村基本公共服务全面，但是受益标准相对较低。医疗方面，虽然城乡居民医保报销门槛、报销比例、报销限额基本统一，但是城镇居民大多数是缴纳职工医疗保险，城镇职工医疗保险与居民医疗保险的差距依然很大。在养老方面，我国乡村60岁及以上老年人的比重为23.81%，比城镇高出7.99个百分点，但农村养老面临子女外出务工无法养、政府无能力养等问题较城镇更为突出。大部分地区农村养老保险每月领取金额在100元左右，2018年城镇居民的养老金是农村居民的9倍左右。

五是乡村基层治理纵深长，但是服务意识和能力不足。近年来，随着大学生到村任职，基层组织的服务水平有所提升。但是大部分村民委员会主任、村党支部书记依然由村民担任，学历较低、党员占比低、年龄偏大，基层治理主要以管理为主，服务意识欠缺。

---

① 详细的进度数据可参考：《乡村振兴战略规划实施报告（2020年）》，农业农村部、国家发展改革委等编写。

(二) 当前我国乡村发展所处的阶段

研究农业农村发展阶段的主流理论有三类。其一是李斯特农业发展五阶段论，以分配占有的变化为划分依据，将农业生产划分为原始阶段、畜牧阶段、农业阶段、农产品加工阶段、农产品加工商业化阶段。其二是罗斯托的经济发展六阶段论，以经济发展的主导部门变迁将原始经济向现代经济的转变划分为五个阶段：传统社会、为起飞创造条件阶段、起飞阶段、向成熟推进阶段、高消费阶段。其三是克利夫顿·沃顿提出的农业三阶段论，认为第一阶段是静态的，第二阶段是过渡的，第三阶段是动态的，从第二阶段到第三阶段的转变是传统向现代的转变，是半自给农业向商品化农业的转变，是低资本农业向高资本农业的转变。

按照李斯特的划分，我国正处于农产品加工阶段向农产品加工商业化阶段转变；按照罗斯托的划分，我国正处于向成熟推进阶段到高消费阶段迈进，农业对经济发展失去主导作用；按照沃顿三阶段论，我国农业正在从第二阶段向第三阶段过渡。按照上述理论，农业农村发展转型的实质是农村经济社会对于城市化、工业化等外部因素的调整适应过程。转型过程中农村居民的需求正在逐步升级，只有抓住发展的阶段性特征，才能有效配置促进发展的各类元素，实现更高效、更均衡的过渡。综上所述，我国农业农村发展正处于这一转型和过渡阶段。这一过程是创新和科技元素在农业农村的深化期，是复杂而且深刻的转变期。国际经验证明，这一转型阶段是提升乡村发展质量的关键期。因此，乡村振兴作为我国农业农村转型阶段的主导战略，需要深入推进高质量发展的理念，弥补转型阶段的不适应和不均衡问题。

(三) 乡村振兴在高质量发展中的重要性

我国当前社会主要矛盾在乡村最为突出，全面建成社会主义现代化强国的短板主要集中在乡村。要满足人民日益增长的美好生活需要，要在21世纪中期基本建成社会主义现代化强国目标，就需要用高质量发展理念统领乡村振兴全局。

其一，实现乡村振兴高质量发展是适应我国社会主要矛盾变化的必然要求。1981年党的十一届六中全会指出，我国所要解决的主要矛盾是人民日益增长的物质文化需要同落后的社会生产力之间的矛盾，党中央提出了全面推行家庭承包经营、深化农村改革等战略思想。改革开放以来，我国社会生产力水平显著提高，经济总量稳居世界第二大经济体。党的十九大报告指出，我国社会主要矛盾已经转化为人民日益增长的美好生活需要和不平衡不充分的发展之间的矛盾，同时紧扣我国社会主要矛盾变化，提出了实施乡村振兴战略。打赢脱贫攻坚战，消除了绝对贫困，但是消除贫困的基础依然薄弱，相对贫困依然大范围存在，城乡区域收入分配差距依然较大。造成这种不平衡和不充分的主要原因是长期城乡二元发展结构造成的生产要素配置失衡，要破解要素配置失衡问题就需要更加充分发挥市场的作用，转变对于城市偏向的观念认识，促进人口更加自由流动，逐步实现土地资源的价值化。

其二，全面建设社会主义现代化国家要求必须有乡村的高质量发展。全面建设社会主义现代化国家，最艰巨最繁重的任务依然在农村，最广泛最深厚的基础依然在农村。完成"最艰巨最繁重的任务"是乡村振兴的主要目标，"最广泛最深厚的基础"是资源，是实现乡村振兴的基础和条件。乡村振兴的关键就是通过有效配置农村的资源实现农业强、农村美、农民富的根本目标，这一过程中必须将新发展理念贯穿始终。

三、什么是高质量乡村振兴？

高质量乡村振兴强调将人的主观能动性施加于乡村发展规律，主观能动性强调理性和控制，理性通过市场体系影响社会，控制通过政治体系实现对人的约束，强调高质量发展就是以共同理性制定规则，然后通过政治体系影响乡村发展。要实现高质量发展的目标就需要确定共同理性计算获得的目标体系，从而制定约束规范，这种共同理性计算的目标就是高质量发展的内涵。依照目标对社会施加控制时需要协调经济社会自然规律，在乡村振兴中最关键的规律就是乡村发展规律，主要有空间配置规律、社会发展规律、产业发展规律等，只有充分认识这些规律才能有效地对乡村振兴的主体进行控制，从而实现共同理性目标。

（一）高质量乡村振兴源于高质量发展的内涵

高质量发展，就是能够很好满足人民日益增长的美好生活需要的发展，是体现新发展理念的发展，是创新成为第一动力、协调成为内生特点、绿色成为普遍形态、开放成为必由之路、共享成为根本目的的发展。这意味着，很好满足人民日益增长的美好生活需要是高质量发展的判断标准，新发展理念是高质量发展的理念指引。但是高质量发展的判断标准和理念指引并不仅仅是新发展理念。提出高质量发展的重大意义在于拓展了新发展理念的内涵，当前理论界对高质量发展的研究主要是对高质量发展的内涵的拓展。除了新发展理念之外，任保平等提出了高质量发展的有效、充分、持续、稳定等内涵，张军扩等提出了高质量发展高效、均衡的内涵，赵剑波等将高质量发展的内涵概括为系统平衡观、经济发展观、民生指向观等三个视角。结合现有研究，可以将高质量发展的内涵分为目标、理念、标准等三个方面。对于高质量发展的目标，张军扩等的定位可以概括为"四个充分+四个均衡"：资源配置效率高、产品和服务质量高、技术水平高、人民群众生活水平高、"五位一体"均衡发展、空间均衡发展、成果分配均衡、人与自然均衡。对于高质量发展的理念，任保平等认为是以新发展理念为指导的经济发展质量状态，是发展的有效性、充分性、协调性、创新性、持续性、分享性、稳定性的综合。对于高质量发展的判断标准，金碚强调以经济发展能否满足人民日益增长的美好生活需要为判断准则。综上所述，高质量发展是以创新、协调、绿色、开放、共享为新发展理念，通过实现"经济社会发展方方面面"的充分、可持续、稳定、高效、均衡发展，有效满足人民美好生活需要的有机系统。

（二）高质量乡村振兴需要遵循乡村发展规律

2018年7月，习近平总书记对实施乡村振兴战略作出重要指示："要坚持以实干促振兴，遵循乡村发展规律，规划先行，分类推进，加大投入，扎实苦干，推动乡村振兴不断取得新成效。"那么，在实施乡村振兴过程中究竟需要遵循哪些规律是我们需要重点研究的对象？目前对乡村发展规律的专门性研究是比较欠缺的。有观点认为是城乡发展规律、产业发展规律和生态发展规律三大规律，也有观点认为是市场规律、自然规律、乡村建设规律、城乡发展规律等四大规律。结合上述观点，我们认为乡村振兴主要需要遵循三方面的规律。

1. 空间配置规律

土地是人类社会活动的载体，空间配置影响了人类的行为活动。乡村发展需要关注的空间配置规律包括城乡空间配置规律、乡村空间配置规律、村庄演变发展规律。在城乡空间配置方面，城乡空间配置主要受城镇化的影响，城镇化是非农生产的经济聚集空间对分散的农村生活生产空间的竞争。一般来说，城镇化有两个基本条件：剩余粮食的生产能力和剩余农业劳动力。粮食和劳动力从农村到城镇的要素转移支撑了城镇化的发展。另一方面，城镇化不仅侵占了农业用地，也会吸收农业剩余粮食和剩余劳动力，从而造成农村的萎缩和空心化。农村的萎缩和空心化之所以没有在短期内产生限制城镇化的进程，主要由于技术进步产生的农业生产率提升破除了"马尔萨斯陷阱"。这种技术进步主要包括机械化和生物化两类,以化肥化和农药化为主的生物化会破坏农业生产生态,抑制农业生产率的提升。整体来看,城镇化的前提是不断提高的农业生产率,而要保持农业生产率的进步需要限制对农业生态的破坏,如果能够达到一种平衡,那么城镇化的进程就有利于整体经济发展。2021年我国常住人口城镇化率为64.72%,距离发达国家的平均城镇化水平80%还有一段距离,当前我国城乡空间配置的规律依然是城镇化主导的农村缩小和城镇扩张。在乡村空间配置方面,乡村空间可分为生活空间、农业生产空间、非农生产空间等,农业农村发展的过程是生活空间对生产空间、非农生产空间对农业生产空间的挤占过程。在村庄演变规律方面,乡村演变受传统规范的约束,村庄的现代化是一个慢过程。近年来,虽然乡村人口规模在快速下降,但行政村和自然村的数量减少较为缓慢,整体趋势是大规模村庄在增加。2008—2020年,行政村数量由56.88万减少到49.30万,自然村由266.60万减少至236.29万。2013—2020年,500人以下的行政村由10.97万减少到6.9万,数量减少超过了1/3;500~1000人的行政村17.08万减少至11.54万,数量减少超过1/3;而1000人以上的村庄由25.67万增加至30.88万。

2. 社会发展规律

虽然空间配置是决定经济发展的关键因素,但决定空间配置的过程是人的行为过程,空间扩散的过程其实是货物人口的移动、财政金融的往来和信息的流动等社会元素扩散的过程,因此我们可将乡村发展的社会发展规律总结为人口变化规律、资本投向规律和信息扩散规律。人口变化的规律之一是常住人口城镇化和农村人口老龄化,这两者在中国都在不断扩大的过程中。资本投向追求的利润最大化原则,工农生产率的差距决定了资本从农村向城镇的流动过程。在工业化过程中,信息的扩散过程是城市向农村的扩散,比如农业生产机械技术和生活技术,以及非农生产和贸易服务业从城市向农村的扩散。

3. 产业发展规律

农业产业结构软化是现代产业发展的主要规律。从宏观层面看,农业产业结构软化的基础是产业结构转型。随着经济发展,无论是产业增加值占比还是劳动力占比,第一产业在国民经济中的比例将不断下降,第二产业呈现倒"U"形增长,而第三产业占比将不断上升。在这一经济结构转型完成之前,由于劳动力无法及时从农业向非农业转移,从而农业劳动生产率将低于工业劳动生产率,滋生了城乡的不平衡发展。根据缪尔达尔的循环累积因果原理，在没有外部政策干预的情形下，这一不平衡发展甚至会进一步恶化，形成累积性循环。从农业发展来看，农业产业结构软化表现为农业生产中硬要素投入减少，软要素投入增加。日本经济学家速水佑次郎认为农业现代化的过程其实是工业化初期的马克思类型增长向工业化发展高级阶段的库兹涅茨增长类型的转型过渡，马克思类型增长是以资本积累为主的经济增长，库兹涅茨类型是以技术进步为主要内容的经济增长。总之，农业产业结构软化就是通过提升硬资源配置效率、提高农业生产科技水平、强调知识应用的农业高附加值创造过程。

（三）高质量乡村振兴的内涵特征

既然乡村的发展不能完全违背乡村发展的客观规律，那如何将高质量发展的主观意愿融入到乡村振兴战略当中，是理论和实践的一个难题。我们既不能违背乡村发展规律行事，也不能任乡村发展造成城乡发展失衡和生态环境恶化等问题发生。因此，我们要以高质量发展为思想统领，遵循规律，积极有为地推进乡村振兴，走以人为本、提质增效、绿色引领的高质量乡村振兴之路。

以人为本的乡村振兴，是指着眼于解决人民日益增长的美好生活需要和不平衡不充分的发展之间的矛盾，充分调动政府、企业和社会各方面的积极性，积极有为推动乡村振兴。以人为本体现了乡村振兴的工具性价值和建构性价值。从工具性价值出发，乡村振兴需要充分发挥乡村人口的主体性作用，激发其参与乡村规划和乡村建设。从建构性作用出发，乡村振兴需要遵循人口迁移规律，优化城乡空间、乡村空间，循序渐进推进乡村撤并，构建适宜的生活圈，提升乡村生活质量。

提质增效的乡村振兴，是指着眼于高质量发展的本真价值，通过市场机制、创新和知识供给提升乡村生产效率和生活质量。其一是遵循空间配置规律，坚持人口资源环境相平衡、经济生态社会效益相统一。其二是加快城乡均衡协调发展，要使市场在资源配置中起决定性作用，推动城乡要素自由流动，平等交换。其三是促进向乡村的知识转移，积极培育新型农村经营组织，促进农业规模化、现代化、品牌化，提高农村一二三产业的生存能力和竞争力。其四是促进城乡一体化公共基础设施建设，有力提高公共基础设施的软服务能力，切实提升医疗、养老、教育、托幼的服务质量，提升亿万农民的获得感幸福感满足感。

绿色引领的乡村振兴，是指以"绿水青山就是金山银山"为遵循，坚持生态优先、绿色发展理念。对于乡村来说，"绿色"具有多层含义。其一，绿色是乡村的本色，绿水青山是乡村与城镇的根本不同之处，保护绿水青山就是保护乡村，就是推动乡村的可持续发展。其二，绿色是乡村的一种特有价值，这一价值随着国家经济发展而增值，乡村发展需要依靠绿色价值，吸引城镇人口返乡的重要因素之一就是绿色乡村。生态资源资产化、资本化是乡村长期发展的主要动力。其三，绿色在经济上具有投入减量的内涵，乡村绿色发展需要以科技创新提升农村生产活动的资源利用效率，实现化肥农药等有害投入的减量。

以人为本、提质增效、绿色引领是高质量乡村振兴的基本内涵。以人为本是乡村振兴的根本目的和内生动力，只有将以人为本的理念贯穿到乡村振兴的始终，才能真正提高乡村居民的获得感满足感幸福感。提质增效是乡村振兴的基本手段，只有充分发挥市场在资源配置上的决定性作用，才能创造更多更好的物质财富，为实现以人为本的乡村振兴奠定更加坚实的物质基础。同时，只有着眼于基础设施和公共服务的质量特性，才能打造"等值化城乡"，将以人为本的理念落在实处。绿色引领意味着乡村资源环境承载能力不断提升，是乡村可持续发展的关键，为乡村振兴的提质增效提供了持久的资源保障。

四、"十四五"期间高质量乡村振兴的提升对策

实现高质量乡村振兴必须认识到中国乡村格局的复杂性、乡村发展的艰巨性和制度变迁的长期性，稳扎稳打，分阶段推进；尊重差异性，梯次推进。"十四五"时期是确定未来乡村振兴主方向、高质量推进乡村振兴的关键期。这一时期要结合当前乡村振兴的难点和短板，贯彻高质量乡村振兴的基本内涵。

首先，以人为本方面的重点是巩固拓展脱贫攻坚成果和基层干部能力建设。其一，在巩固拓展好脱贫攻坚成果方面，需要持续督导、压实防返贫监测和帮扶责任。脱贫攻坚期结束后，虽然没有签订乡村振兴责任书，但仍要层层压实责任不放松。进一步强化省、市、县、乡、村各级政府对防止返贫监测和帮扶工作的责任意识，配齐一线人员，尽锐出战，加强程序公开公正，强化措施科学精准，督促各地切实做到"监测对象找得准""风险措施用得实""风险消除做得好"，确保从监测对象认定到风险消除全过程的公开公正与科学精准。当然，脱贫县因脱贫摘帽时间不同，5年过渡期内推动脱贫攻坚同乡村振兴有效衔接的时间节点也会有所差异。2016年，28个贫困县摘帽；2017年，125个贫困县摘帽；2018年，283个

贫困县摘帽；2019 年，344 个贫困县摘帽；2020 年有 52 个贫困县摘帽。2016、2017 年摘帽的脱贫县到目前农村的整体发展水平已经较高，防止返贫的压力不大，而对后三年脱贫的县来说，脱贫群体的内生动力不足，脱贫地区整体发展也比较滞后，巩固拓展脱贫攻坚成果是首要任务。其二，在基层干部能力建设方面，加强基层干部跨区域交流学习力度。跨区域交流学习是基层干部开阔眼界、提高工作素养的重要手段，建议干部主管部门建立基层干部定期跨地区交流学习机制，更大规模地输送中西部地区基层干部到东部沿海地区考察交流学习，促进全国乡村间的均衡发展。

其次，提质增效方面的重点是提高农村产业质量和提高农产品流通效率。一是尽快施行不同品质粮食的价格差异化收储机制。缓解稳粮价和激励农民种粮积极性矛盾的一条重要策略是引导粮食精致化种植，构建适合高品质粮食市场交易的收储机制。建议国家粮食部门启动高品质粮价格差异化收储试点，根据试点尽快开始粮食差异化收储机制改革。二是建设以乡镇为枢纽的农产品电子商务平台，打造全国一体化网上市场。电商、直播带货等新经济给农村地区衔接外部市场提供了一个重要手段，能够赋能农村特色产品更好地对接市场。建议围绕市场需求推动农村电商组织化，构建以乡镇为枢纽，集储藏、物流等功能于一体的农产品电子商务集散中心。三是从根本上推进农民组织化程度，助推粮食生产的规模效应和技术应用水平。目前全国农民合作社总数已经超过 220 万家，但是空壳化现象很是突出。建议主管部门和社会组织管理部门出台以经济产出结果为导向的农民合作社考核制度，挤出农民合作社虚化水分。

最后，绿色引领方面的重点是生产投入技术改造和村庄规划绿色指引。一是建立农村技术服务满意调查制度，有利于科研农技人员从农村实际需求出发，研发能够替代化肥、农药等生产投入技术，助推农村产业绿色持续发展。农村科技特派员制度已在我国施行 20 余年，但是从调研情况看，农户真正获得的技术服务非常有限，地方工作人员和农户对技术的需求呼声很高。因此，建议通过 12396 新农村科技服务热线匿名调查农技人员服务满意度，助力农业科研和技术服务的进步。二是用村庄规划推动特色产业发展的科学性和可持续性。目前农村产业建设频繁变动更改导致资源浪费的现象较为突出，建议将农村特色产业发展、村庄绿色环保建设等纳入村庄规划基本内容，加强特色产业的可行性和长期性培育，推动村庄环境的环保舒适安全发展。

（来源：《贵州师范大学学报（社会科学版）》2023 年 3 月 15 日）

高质量推进乡村人才振兴：内在要义、机遇挑战与对策建议

张 琦 李顺强 庄甲坤 孔 梅

【摘　要】 新时代乡村人才振兴需要以高质量发展为主题。高质量推进乡村人才振兴需要从人才供给、人才配置结构、人才培育环境三个方面着手，实现乡村人才需求与供给、质量与数量、外推与内吸、促进与适应的有机统一。高质量推进乡村人才振兴的机遇源自可持续的人才供给和包容的培育环境，挑战源于低效和不平衡的人才配置体系。基于上述机遇和挑战，需要更加包容、可持续和高效、公平地推进乡村人才振兴。

【关键词】 乡村振兴；人才振兴；人才支撑体系；高质量发展

乡村振兴，人才是关键。2021年2月，中共中央办公厅、国务院办公厅印发《关于加快推进乡村人才振兴的意见》，提出要"尊重乡村发展规律和人才成长规律，针对不同地区、不同类型人才，实施差别化政策措施""推动政府、培训机构、企业等发挥各自优势，共同参与乡村人才培养，解决制约乡村人才振兴的问题，形成工作合力"。乡村人才作为激活土地、资金、技术等乡村生产要素的主体，是乡村振兴的主要力量。新时代推进乡村人才振兴的根本目的是要解决好发展不平衡不充分问题，更好满足人民日益增长的美好生活需要。为实现这一目标，就需要高质量推进乡村人才振兴。未来十年城乡经济社会将发生深层次变动，这十年是高质量推进乡村人才振兴的关键期。因此，研究如何高质量推进乡村人才振兴是当前一个紧迫性重大课题，深刻理解其内在要义，准确定位其机遇挑战，探索其实现路径，对实现乡村全面振兴具有重要的意义。

一、高质量推进乡村人才振兴的内在要义

在农业科技水平快速提升、城乡居民生产生活方式快速转变、农村基

础设施快速改善的新时代背景下,推进乡村人才振兴需要以高质量发展为主题。高质量推进乡村人才振兴是满足人民美好生活需要、促进农业农村现代化、实现共同富裕目标的必然要求。

高质量推进乡村人才振兴是以新发展理念为指引,从乡村人才供给、乡村人才配置结构、乡村人才培育环境三方面着手,以匹配乡村人才供需、平衡乡村人才结构、提升乡村人才效能为路径,构建有效满足乡村发展、乡村建设、乡村治理的乡村人才体系。从唯物辩证法的视角来看,高质量推进乡村人才振兴是需求与供给、质量与数量、外推与内吸、促进与适应的辩证统一。

第一,高质量推进乡村人才振兴是需求和供给的统一。从需求侧来看,乡村振兴人才可以分为农业生产经营人才、农村二三产业发展人才、乡村公共服务人才、乡村治理人才、农业农村科技人才等类型。乡村人才需求是与农村经济社会发展和人口布局相契合的。从供给侧来看,乡村人才可以分为本土人才和社会人才,乡村人才供给与教育体制、城乡要素配置机制互相连接。乡村人才振兴需要在经济社会发展和城乡融合发展中提高人才供需的匹配度,实现人才供给与需求的统一。

第二,高质量推进乡村人才振兴是质量与数量的统一。乡村振兴是一项系统工程,需要大规模的乡村人才,一定的乡村人才数量是高质量推进乡村人才振兴的基础。但是一味强调数量会降低人才效能,无法满足乡村人才可持续发展要求。只有在稳定数量规模的基础上提高乡村人才质量,才能满足乡村发展转型阶段对人才的要求。乡村人才振兴需要在扩大乡村人才规模的基础上,不断发挥乡村人才支撑乡村振兴的基础性作用,实现乡村人才数量与质量的统一。

第三,高质量推进乡村人才振兴是外推与内吸的统一。高质量推进乡村人才振兴需要认识到乡村地区尤其是特殊地域乡村地区在人才流动上的外推力,这种外推力包括艰苦自然条件、落后经济基础、复杂地理区位等。为降低这一外推力,必须提升乡村对人才的吸引力,包括加大人才供给基数、实施政策激励、人才内源培育等。乡村人才振兴需要在改善乡村人才成长和培育环境的基础上,吸引乡村外出务工人才的回归,减少乡村人才的外流,实现乡村人才外推与内吸的统一。

第四,高质量推进乡村人才振兴是促进和适应的统一。高质量推进乡村人才振兴的目的是促进农村一二三产业集约高效创新发展,促进乡村从传统农村向现代农村转变。同时,乡村人才振兴需要适应乡村产业内生结构性调整规律,适应乡村居民内在需求层次升级,适应乡村社会内源式演变。乡村人才振兴的根本目的是满足人民日益增长的美好生活需要,实现这一目的需要通过人才来推动乡村发展、乡村治理。内生的乡村产业发展规律、乡村人口发展规律、乡村社会发展规律决定了乡村人才振兴是促进与适应的统一。

二、高质量推进乡村人才振兴的机遇

高质量推进乡村人才振兴的机遇源于可持续的人才供给和包容的人才培育环境。可持续的人才供给体现在高等教育普及化水平提高和农村劳动力回流规模不断扩大,包容的人才培育环境体现在融洽干群关系、农业农村的科技应用不断深化、农民现代化进程加速等方面。

(一) 高等教育普及化为乡村人才振兴提供了人才保障

高等教育普及化给乡村人才供给提供了最直接的来源,也是推动乡村高质量发展的基础。根据《2019年全国教育事业发展统计公报》,2019年中国高等教育毛入学率达到51.6%,标志着中国已经进入高等教育普及化阶段。已有研究预测,中国高等教育毛入学率将在2028—2031年突破65%,在学人数规模将超过5000万人。如此庞大的高等教育毕业生规模,将为乡村人才振兴提供重大机遇。从理论上看,高等教育普及化对乡村人才供给有推动和抑制两种作用。提高高等教育入学率势必会吸引更多的农村青年考入大学,客观地造成农村青年劳动力流失。但是农村青年接受高等教育后返回农村,将能够大幅度提升农村人力资本水平,从而推动农村发展。从目前中国实际来看,一方面,农村青年不走出农村而成为乡村发展所需人才的可能性很低。另一方面,目前农村子女接受高等教育后返回家乡就业慢慢变为一种常态。这可从乡镇政府部门编外用工见微知著。例如,华北某镇长期有60名左右具有公务员编制或事业编制的干部,而最近若干年该镇通过"劳务派遣"方式招聘的编外用工达307人,编外人员的工资是在编人员的1/3左右。不少高校毕业生愿意到农村工作,一定程度上说明在家乡就业依然有很强的吸引力。

(二) 农村劳动力回流为乡村人才振兴带来新机遇

农村劳动力回流是人力资本和工商资本从城到乡的流动,为推动乡村二、三产业创新发展提供了机遇。随着乡村振兴战略的全面推进以及农村人居环境的改善,城市人口向乡村地区转移的速度也将逐渐提高。城市向乡村的流动人口中大部分是原来的农村居民，也就是返乡就业创业人员。从2011年到2021年，全国进城务工人员中本地农民工比例由37.25%增加到41.29%，人数增加2662万人，是外出农民工增加人数的两倍，可以看出本地农民工返乡队伍正在逐渐壮大。尤其是2020年，进城务工人员规模比上年减少1.8%，大约有500万人选择留在农村，也就是说每个行政村外出务工人员大约减少7个。城市人口向乡村的流动不单是人口的流动，也是资本、知识、管理理念以及制度等要素的流动。从农村人力资本发展来看，农村劳动力回流会给农村人才振兴带来新机遇。一方面，返乡人员有在农村创业创新的技能、条件和意愿。另一方面，外出农民工主要从事二三产业，这些农民工回流不仅是劳动力在城乡间的转移，也是二三产业技能和知识以及城市资本向农村的回流。

（三）脱贫攻坚期间奠定的良好干群互动机制有利于乡村人才的培育并能吸引更多人才投身乡村振兴

脱贫攻坚期间形成的基层治理机制是乡村人才培育的起点和出发点，是乡村人才振兴的根基。脱贫攻坚期间，基层干部在精准扶贫实践中入村入户，建立了基层干部与群众紧密联系的有效互动机制。例如，通过村民大会、座谈会、网络平台等多种形式，基层干部与村民进行交流和互动听取村民的意见和建议，解答村民的问题和疑虑，从而使政策的制定和执行更加符合群众的利益。同时，打赢脱贫攻坚战之后，不少地方政府已充分认识到调动广大干部积极性对乡村振兴的重要作用，进一步鼓励广大公职人员积极参与乡村建设。比如云南省开展了"干部规划家乡行动"，县政府通过发送邀请函、发布公开信、电话微信邀请等方式，动员广大干部积极参与家乡规划，在实践中取得良好成效。通过良好的干群互动机制，干部与村民之间的关系更加紧密，社区的凝聚力得到增强，这有利于形成良好的社区环境，吸引更多的人才来乡村工作，为乡村振兴提供人才支持。基层干部的角色转变，也使得他们更加注重提供公共服务，有利于引导人才向公共服务领域发展，促进乡村公共服务体系的完善。

（四）科技在农业农村发展中应用的不断深化引发对农业人才的新需求

农业技术转型派生了对乡村技能人才和经营性人才的新需求，同时也为乡村人才提供了施展才能的机会。农业农村发展对科技创新有着广泛需求，科技创新能够切实推动农业农村发展。科技创新在农业领域的推广，除了依赖科技本身的进步，更需要人力资本的支撑和适当的制度配套。2016年11月，《国务院办公厅关于支持返乡下乡人员创业创新促进农村一二三产业融合发展的意见》下发，鼓励和支持农民工、中高等院校毕业生、退役士兵和科技人员等返乡下乡人员到农村创业创新。2021年9月，《国家发展改革委办公厅关于推广支持农民工等人员返乡创业试点经验的通知》下发，鼓励试点地区不断推出有效的改革举措，推动返乡创业工作再上新台阶。返乡下乡创业创新人员中有一半以上利用了大数据、互联网、物联网等现代信息技术，发展了5G视频农业、农村电商、直播直销、点对点直供等新业态新模式。科技创新在农业领域的推广引发了新的人才需求，为经营性人才提供了在农村施展才能的难得机遇。要提供更加完善的教育和培训机会，提高农村人才的技能水平，同时也需要构建一套有效的体系，以激励乡村人才在农业科技创新中发挥更大的作用。

（五）农业农村现代化进程加速为乡村人才的培养和利用提供了广阔的空间

改革开放以来，快速的城镇化促使农村道德观念从乡土伦理向市场伦理演变。在乡土伦理下，血缘、宗族、地缘和互助网络体系是维系农村社会成员关系的纽带，这使得人们的活动范围相对较小。然而，随着商品经济、劳动雇佣关系、市场伦理和契约精神在农村逐步落地生根，农业农村的现代化进程正在加速推进。无论是治理型人才、公共服务型人才还是经营管理型人才，都需要具备敢于冒险、开拓创新、求富争先的现代经济理性精神。同时，农业技术的推广不仅需要有适应资源条件的技术创新，还需要农业经营人才具备接受技术更新的能力，这种能力包括一定的知识水平和创新意识。随着城乡之间的分工与互联互通增强，现代乡村文明和价值体系正在逐步形成，这为农村人才的培养和利用提供了更广阔的空间。农民现代化进程中，乡村人才的培养和利用需要我们打破传统的思维模式，拥抱变革，充分发挥人才的创新精神和实践能力，共同推动农村的经济社会发展。

三、高质量推进乡村人才振兴面临的挑战

高质量推进乡村人才振兴面临的挑战主要体现在人才配置结构失衡、特殊地域人才振兴难度大、技术转型升级将滋生人才供需新缺口、乡村常住人口人力资本不足、农村职业报酬低等方面。

（一）人才配置的结构有待优化

人才结构失衡是由于人们对乡村职业的偏见在一定程度上降低了人才效能，导致人才在部门间、地域间的错配。人才流动推拉理论认为，人才流动受到两种不同方向力量的作用，一种是促进人才从流出地到流入地配置的推力，一种是吸引人才由流入地向流出地配置的拉力。这些推力和拉力主要包括工作的辛苦程度、工资收入、工作难易程度、业务安定程度、担负责任大小、职业声誉、身份认同等。当前乡村人才配置的结构性失衡主要体现在两个方面。一方面，政府管理部门人才与经营管理人才之间的失衡。其主要原因是人们对农村各行业的职业声誉和身份认同错位。国家机关的"金饭碗"、农民的"泥饭碗"等传统思想依然在农村具有很强的影响力，部分传统观念中"较高等级"的职业隶属政府部门、事业单位、银行、跨国企业等，这导致农村政府管理部门人才臃肿，而经营管理人才缺乏。另一方面，传统领域人才和重点交叉高端领域人才之间的失衡。农业各专业领域的科技人员存在着"一多三少"的现象，即种植业、畜牧兽医、渔业、农机等传统学科人才数量多，农产品质量安全、生态能源、农业信息化等当前重点发展专业领域人才数量少，智慧农业、农业生态学、农业生物信息学等交叉融合学科人才数量少，领军人才、创新型人才等高端科研人才少。人才配置的结构性失衡降低了人才效能。第三次全国农业普查数据显示，2016年全国农业生产经营人员中，初中及以下教育程度的人员占91.8%，高中或中专的人员占7.1%，大专及以上的人员仅占1.2%；年龄在55岁及以上的人员占比达33.6%。中国农业大学智慧电商研究院发布的《2020中国农村电商人才现状与发展报告》对未来农产品电商人才需求作出预估，2025年缺口为350万人。如果先进技术得不到推广应用，先进理念得不到传播，那么就无法最大程度地发挥乡村人才对乡村经济社会发展的作用。目前，农村缺少电商、农业科技、文化旅游管理、乡村规划等技术型和创新型人才，高校毕业生在农村就业更多的是选择政府或事业单位，这种人才结构失衡会在一定程度上制约人才对乡村建设的作用。

（二）特殊地域人才振兴难度大

特殊地域人才振兴是乡村人才振兴的难点和重点，这是需要花费大量的人力和物力重点攻克的问题。2019年6月，中共中央办公厅印发《关于鼓励引导人才向艰苦边远地区和基层一线流动的意见》，鼓励引导人才向边远贫困地区、边疆民族地区、革命老区和基层一线流动。这些特殊地域条件艰苦、经济发展程度低、人才成长条件薄弱、人才外流严重、人才返乡回流难,是乡村人才振兴最难啃的硬骨头。这些地区的青年人才第一选择通常是离开家乡,愿意扎根家乡来改变家乡的人才较少,这导致以上特殊地区农村职业教育目标与乡村对人才的需求相互偏离。产业发展是吸引人才的关键,如果一个地方产业不发展,那么经济机会就少,对经营管理人才的吸引力就低。艰苦边远地区的自然条件往往很恶劣,尤其是部分山区,土地分散且利用率低,无法实现规模效应。很多地方目前仍以传统农业为主,开发新产业的条件非常有限。在脱贫攻坚中,各地虽然大力发展特色产业,但是大多数特色产业的盈利能力有待进一步提升,这使得特殊地域失去了对人才的吸引力。

(三) 技术转型升级将滋生人才供需新缺口

技术转型升级将滋生人才供需新缺口,这是由未来乡村产业快速转型决定的。任何产业转型升级都必须具备充足的高质量人才资源,如果人才培养跟不上技术转型,就会限制经济发展效率。第一,从产业结构转型来看,中国产业结构正在从劳动密集型产业向技术密集型产业转型。二元经济转型中产业结构演变的规律是初期产业结构以劳动密集型产业为主,进入到刘易斯转折阶段后以资本密集型产业为主,到后期将向技术密集型产业占优演变。中国第一产业的比重在 2009 年下降至 10% 以下,目前维持在 7% 左右,而第三产业的比重正在不断上升,到 2022 年超过了 52%。这一产业结构转型将推动乡村二三产业发展,从而对乡村人才提出了新的技能要求。第二,从具体技术应用来看,农村金融发展正在受到现代金融科技的影响,电子支付和网上信用贷款正在深入农村。科学技术在农村的应用已经不局限于种子、化肥、传统农机等领域,而是逐步向智能化、信息化的应用场景转型。智能化、信息化科技应用要求使用者经过专门的职业教育,从而具备更高的专业技能。资本和技术等要素向农村的快速流动会淘汰传统型人才,加大新型人才的缺口。当前,乡村人才技能的结构性矛盾将会在一定程度上产生"就业难"和"人才荒"并存的问题。因此,我们必须预判未来农业农村的发展方向,提前谋划农业农村人才布局,尽可能降低人力资本不足造成的农业农村发展减速。

(四) 乡村常住人口人力资本不足

常住人口人力资本不足主要是受到乡村常住劳动力教育和健康水平的

限制,形成了本土人才培育的主要障碍。目前,我国农村常住人口人力资本较为短缺,本土人才成长不快。人力资本主要有受教育程度和疾病死亡率两个间接指标,这两个指标在我国农村均不容乐观。

我国农业劳动人口受教育程度在近30年中没有得到有效提升,而且高中以上学历人员在减少。从表1可以看出,1996—2006年中国农业劳动力受教育水平有所提升,但是在2006—2016年,乡村常住人口受教育水平没有提升,而是处于一种稳定的低水平状态。高中以上学历人口比例从2006年的10.75%下降到2016年的8.23%,而小学学历人口比例却由33.2%上升到36.97%。从这一结构变动可以看出,农业劳动力人口从农村大规模流出,并且流出的主要是高中以上学历人口。乡村常住人口受教育程度低制约了技术创新和新理念在农村的传播,从而在一定程度上制约了外部因素推动乡村人才振兴的路径。

表1 三次农业普查中农业劳动力受教育程度

学历	1996年		2006年		2016年	
	规模(万人)	占比(%)	规模(万人)	占比(%)	规模(万人)	占比(%)
未上学	7867.46	14.01	3565.75	6.95	2003.58	6.38
小学	23665.52	42.15	17028.95	33.20	11617.66	36.97
初中	21356.26	38.03	25179.87	49.10	15216.40	48.42
高中	3171.19	5.65	4973.99	9.70	2217.92	7.06
大专及以上	87.51	0.16	537.48	1.05	366.29	1.17
合计	56147.94	100.00	51286.04	100.00	31421.85	100.00

注:表中数据系笔者根据中国三次农业普查数据整理而得。

(五)农村职业报酬低造成的人才流失

农村职业报酬低主要与乡村生活不便、投资风险较高相关,使农村较难留住人才,这是目前迫切需要缓解的问题。从某种程度讲,货币工资是对劳动艰辛程度的一种补偿,如果在某个地方,某种劳动方式的收益明显高于其他劳动方式,那么劳动者就会倾向于选择这种收益更高的劳动方式。反之,如果某种劳动方式的收益明显低于其他劳动方式,劳动者就会倾向于离开这种不利的劳动方式。乡村人才外流、不愿意在农村创业的主要因素就是货币收入对在农村就业和创业的艰辛和风险的补偿不足。因此，乡村人才流失的问题，实质上是一个经济问题，是由于农村和城市之间的收入差距所导致的。第一，城乡收入差距是导致人才外流的主要原因之一。在城市就业能够获得便利的公共服务和丰富的生活体验，但需要面对更大的竞争压力、拥堵的交通和高昂的生活成本。相较而言，在农村就业能够享受幽静安逸的乡村生活和较低的生活成本，但是长期生活在农村也容易让人感觉枯燥。目前，由于城乡公共服务存在差距，城市生活优于农村生活，作为经济理性人，具有高技能的人才到城镇就业是一种更符合经济理性的选择。第二，与其他行业领域相比，农业领域投资回报周期长、风险高，对处于创业初期的人员缺乏吸引力。第一产业将自然资源转换为消费品，需要遵循农作物和牲畜的生长规律，需要面对生产周期长、资本周转率低、自然风险和市场风险高等特殊困难。农业生产的劣势如果不能够得到有效的利润补偿，就会极大地降低乡村人才创业创新的积极性。第三，农村工作投入高，但回报率较低。乡镇和村庄距县城较远，存在交通不畅、生活不便捷的问题，而且目前基层工作负担较重，高出勤、全天候、高强度的工作是常态，尤其是乡村治理岗位往往投入高回报低。

四、高质量推进乡村人才振兴的对策建议

高质量推进乡村人才振兴，是新发展理念在"三农"工作中的贯彻落实，是充分有效发挥乡村人才支撑作用的必然选择。乡村人才需要长期持续的栽培、引导和激励，而未来十年是高质量推进乡村人才振兴的重要时期。如果在此期间能够抓住机遇、直面挑战，那么高质量推进乡村振兴就会事半功倍。可以说，推进乡村人才振兴是全面实施乡村振兴战略的重要方向和突破点。

（一）抓住机遇，推进乡村人才振兴更加包容、可持续发展

高质量推进乡村人才振兴具有五方面的机遇，每一方面都需要相应的政策作保障，否则就会丧失人才支撑乡村振兴的时机。第一，进一步引导高校毕业生进入农村就业创业，推进乡村人才高质量供给。教育部门应进一步在农村普及高中，通过高考分流培育技能型人才和研究型人才。在高等职业院校中设置更多与农业农村发展相关的专业学科，从而引导高校毕业生回流农村。第二，抓住农村劳动力返乡潮流，推动城乡要素高质量融合。根据韩国和日本的经验预测，在未来十年我国返乡归农人数会进一步

增加。乡村振兴工作需要抓住这一机遇,改善农村营商环境,鼓励农村土地流转合并,充分利用返乡归农人员的人力资本和工商资本,用政策激励手段激发返乡归农人员的创业创新积极性,推动农村二三产业的发展和提升。第三,加强宣传,建设良好的乡村人才成长和工作氛围。要想更好地发挥乡村人才的作用,需要激励农户特别是老人、妇女等群体参与乡村振兴的积极性。宣传部门要通过新型媒介营造乡村良好的创业创新氛围。第四,有效衔接脱贫攻坚成果,强化乡村治理人才高质量培养。乡村人才振兴要抓住脱贫攻坚期间形成的乡村治理人才培养和运行机制,构建更加灵活有效的干部与群众互动机制。要总结各地在强化干群关系中形成的有效经验,形成规章制度、操作手册和考核体系,有效发挥治理人才的领头作用。第五,促进知识和创新要素转移,强化高技能型人才的培育。相关部门需要加强对农村初创企业面临的挑战和困境的了解,设立创业村、智慧村、机械农业村等新型农村试点,定期举办全国性的农村创业论坛,促进农村创业创新经验共享,推动农村创新生态系统的发展。总之,抓住上述五方面的机遇需要着力提高乡村人才供给规模,着力营建乡村人才培育的制度基础,着力营造乡村人才施展才能的环境氛围,推进乡村人才振兴更加包容、可持续发展。

(二) 直面挑战,推进乡村人才振兴高效、公平发展

高质量推进乡村人才振兴应直面多方面的挑战。第一,通过开展"体面的乡村职业行动"转变职业偏见,减缓乡村人才配置的结构性失衡。在新型职业农民培训中,需要建立成功者示范机制,做好种粮能手、创业人才的宣传。同时,要鼓励创意产业在农村落地生根,如文化遗产、表演艺术、视觉艺术、手工艺和建筑等领域的创新,吸引更多的年轻人投身农村建设。第二,增加对特殊地区人才的转移性支付,促进乡村人才在地域间的均衡配置。目前来看,这些特殊地区的公务员、事业单位员工有一定补贴,但是补贴的力度仍然不够,要提高现有补贴的标准,同时可考虑将特殊地区经营性人才和创业创新人才纳入补贴范围。第三,加强软技能和横向技能培训,提高乡村人才培育的前瞻性和适应性。农村职业培训规划中需要加强对软技能和横向技能(如沟通技能、组织技能、自我激励)的培养,建立农民终身学习制度。第四,推动数字化技术在医疗保健和继续教育方面的应用,弥补乡村本土人才不足的短板。地方农业农村主管部门应进一步加强与地方职业技术院校的联合,采用远程教育方式,为农民提供农业、园艺、林业、养殖等专门和定制的培训。同时,可通过公共服务外

包或采购等方式,推动咨询服务机构提供点对点的知识交流、农业咨询等服务,切实帮助农民提高技能。地方政府可尝试设立农村远程医疗服务中心,提供远程保健、产前护理、母乳喂养和慢性病保健等咨询服务。第五,推广"农业担保贷款+政府基金代偿"模式,提高对乡村创业创新的效益补偿。要进一步完善农业担保贷款制度,推动农业担保贷款专业化、责任化、精准化、规范化发展,完善政府代偿机制,让农村创业人才敢贷愿贷,从而提升其金融服务的可获得性。

(来源:《经济与社会发展》 2023年第1期)

全面推进乡村振兴的人才基础

——关于乡村人才振兴的若干思考

张 琦 薛亚硕

【摘　要】 人才是乡村振兴的关键要素，乡村人才建设关系到全面推进乡村振兴的质量和成效。无论是从理论逻辑、历史逻辑还是现实逻辑出发，加强乡村人才建设都是现阶段全面推进乡村振兴的必然选择。当前，乡村人才数量和质量问题依旧突出，农业农村现代化也不断对人才建设提出新要求，乡村人才培育机制也有待健全。对此，必须加快乡村人才的"内育""外引"，提升人才培育的实效性，全面增强乡村人才的后备支撑力。

【关键词】 乡村振兴；人才振兴；人才引进；人才培养

功以才成，业由才广。人才是引领发展的第一动力，是一个国家经济社会发展的基础性、核心性、战略性资源。进入全面推进乡村振兴新阶段，人才在乡村高质量发展中的地位和作用愈发凸显。人才振兴事关乡村发展全局，包括产业发展、乡村治理、文化建设、生态建设和组织建设的方方面面，乡村振兴各个目标任务的顺利实现，各项政策举措的落实落地，都需要乡村人才来具体谋划、有效推动。因此，深刻理解乡村人才建设的基本逻辑、深入分析乡村人才振兴面临的机遇与挑战，把握好乡村人才振兴的战略重点，对于为全面推进乡村振兴打造一支稳定、强大的乡村振兴人才队伍具有重要意义。

---

① 基金项目：国家社科基金重大项目"伟大脱贫攻坚精神研究"（22ZDA091）

一、推进乡村人才振兴的基本逻辑

舒尔茨提出：人力资本要素是生产过程中的关键部分，人力资本投入及合理配置可以提高劳动生产率、促进经济发展，人力资本的积累是社会经济增长的源泉。所谓乡村人才振兴，就是乡村人力资本投入及合理配置，推动乡村人力资本向与乡村发展适配的人才资本转化，以自身为媒介为劳动、土地、资本等生产要素创造更多价值，从而全面提升乡村地区各类资源的配置效率，推进乡村振兴战略的全面落实。

（一）乡村人才振兴的理论逻辑

从理论逻辑上来看，推进乡村人才振兴是新时期我们党对马克思主义人才观的发展与运用。乡村人才发展这一理论命题，继承于马克思主义人才思想，始终受到中国马克思主义者的高度重视。要推动乡村产业振兴、人才振兴、文化振兴、生态振兴、组织振兴。根据马克思主义人才观，人才涉及各行各业、方方面面的人民群众，是生产力要素中最为活跃的要素，在推动社会解放过程中发挥着重要作用，必须培育有科学技术素养的人才。

针对怎样培养人才这一核心问题，马克思和恩格斯运用辩证唯物主义和历史唯物主义的世界观与方法论，科学揭示了人才培养过程，即通过"教育或训练"，达到"改变一般人的本性，使他获得一定劳动部门的技能和技巧"。习近平总书记在马克思主义人才观的基础上，发展提出"实践成才论"，提出"人的潜力是无限的，只有在不断学习、不断实践中才能充分发掘出来"，推进乡村人才振兴要"把人力资本开发放在首要位置"，"重点加强村党组织书记和新型农业经营主体带头人培训，全面提升农民素质素养，育好用好乡土人才"。

（二）乡村人才振兴的历史逻辑

从历史维度来看，推进乡村人才振兴是我国乡村人才建设工作的历史延续。我国始终将乡村人才建设作为做好农村工作的基础和前提。社会主义革命和建设时期，为了满足大规模农业农村建设和国家工业化对乡村人才需要，改善农村公共服务水平，我国先后在全国范围内开展了3次大规模扫盲运动，并通过乡村卫生运动、乡村教师和赤脚医生培训、建立农业农村科研机构等方式培养了一大批公共服务人才和农业科技人才。1978

年，党的十一届三中全会确定以经济建设为中心，实行改革开放。到1992年党的十四大召开前，以提高农民技术文化水平为目标的农民培训开始恢复，农业技术推广机构的任务、编制逐渐明确，个体工商户、乡镇企业主等二三产业人才开始引领乡村经济发展。党的十四大以后，社会主义市场经济建设速度大大加快，大量农村劳动力和公共服务人才流向城镇，农业发展急需现代农业技术支持，农村原有的治理模式也受到了挑战。为此，这一时期，我国开始建立分门别类的农民教育培训体系，乡村公共服务人才培训倾斜力度加大，乡村治理改革也得到了重视。

党的十八大以来，党中央把脱贫攻坚摆在治国理政的突出位置，组织开展了声势浩大的脱贫攻坚人民战争。脱贫攻坚期间，乡村人才建设仍旧是各项举措有效落地的关键，我国不断加大乡村人才建设的支持力度。作为脱贫攻坚的主体，加强农民职业教育和技术培训连续8年被写入中央一号文件；基于满足"两不愁三保障"要求，我国密集出台了《乡村教师支持计划（2015—2020年）》《健康扶贫三年攻坚行动实施方案》等支持性政策文件，提升教师医生等乡村公共服务人才待遇保障，加大编制供给；持续加强基层党组织建设，通过治理现代化推动乡村内源式发展；在各项帮扶举措支持下，农业科技人才、二三产业人才等也不断向乡村聚集，成为打赢脱贫攻坚战的重要力量。全面推进乡村振兴的深度、广度、难度不亚于脱贫攻坚。迈入全面推进乡村振兴的新时代，持续加大乡村人力资本投资、推进乡村人才振兴，是我们将人才建设作为农村工作抓手的历史延续，是对我国乡村人才建设规律深刻认识后的历史必然。

（三）推进乡村人才振兴的现实逻辑

从现实逻辑上看，产业、组织、文化、生态振兴均需要人才振兴来推动，乡村人才建设关系到乡村振兴的质量和成效。首先，人才是乡村产业发展的基本要素，产业振兴需要良好的人才资源支撑。在当前城乡二元结构及其相关制度安排下，乡村人才要素大量流失，农业人力资本投资不足，90%以上农业劳动力仅具备初中以下文化水平。其次，组织振兴通过建强农村基层党组织，构建起更加有效的乡村治理新机制，为乡村治理现代化奠定组织基础。建强农村基层党组织，选好练强基层党组织带头人是关键。当前，农村基层党组织带头人队伍建设取得了显著成效，但专业管理能力、发展服务能力等仍待进一步提升。再者，文化振兴可以提高乡村文化水平、促进乡村人力资本提升，但反过来又需要各类既掌握现代科学文化又熟悉乡土文化的人才，依靠他们赋予乡土文化新的时代内涵、丰富其表现形式，引领乡村风尚向善向美。最后，乡村生态振兴与人才振兴相互交融。一方面，乡村生态振兴表现为农业生产方式向绿色低碳化、数字化、现代化转型，这与乡村生产经营人才培育方向相一致。另一方面，生态振兴在农村生活方面具化为农村居民自觉履行环保责任和义务，塑造绿色的生活方式，这就离不开农村居民综合素养的持续提升。整体来看，乡村振兴中的人才问题已经成为影响乡村振兴整体进展的关键性问题，需要通过推进乡村人才振兴来统筹解决。

二、现阶段乡村人才建设面临的机遇

进入新发展阶段，迈上全面建设社会主义现代化国家新征程，乡村人才建设也迎来了新机遇。

（一）坚持农业农村优先发展的政策定位，确保了乡村人才建设投入力度不减

自 2019 年中央一号文件提出"坚持农业农村优先发展总方针"以来，农业农村始终是国民经济发展的优先项。《乡村振兴促进法》则以法律的形式明确要求坚持农业农村优先发展，在干部配备上优先考虑，在要素配置上优先满足，在资金投入上优先保障，在公共服务上优先安排。作为乡村振兴的五大任务之一，乡村人才振兴覆盖乡村发展的各个方面，人才种类众多、人才缺口数量大，对资金的持续投入和政策稳定供给提出了很高的要求。农业农村优先发展一方面确保了乡村人才建设资金的持续投入。如 2021 年，中央财政投入 23 亿元在全国开展高素质农民培育工作，比 2020 年增长了 15%。同时，农业农村优先发展还确保了乡村人才建设的政策导向，为各类人才入乡返乡吃下了"定心丸"。

（二）人才强国战略为新时期乡村人才建设提供了根本遵循

乡村人才振兴的目标明确了，但是乡村人才怎么"兴"，成为摆在各地区面前的一道难题。作为决定国家和民族走向和发展的一次大会，党的二十大提出深入实施人才强国战略，强调人才是全面建设社会主义现代化国家的基础性、战略性支撑之一，将人才培育工作提到新的战略高度，明确提出了"坚持党管人才原则、完善人才战略布局、促进人才合理布局、深化人才发展体制机制改革"等人才建设举措，明确了当前和今后一个时

期人才工作的战略重点和主攻方向,从根本上为乡村人才怎么"兴"提供了科学指南和根本依据。

(三)农村地区发展环境全面改善,为人才向乡村流动创造了良好外部条件

"推拉机制"决定了乡村人才总是在综合考虑城乡发展差异后,做出符合自身利益诉求的理性化选择。其中,发展机会、公共基础设施以及人居环境是影响人才城乡流动的三个主要因素。脱贫攻坚和乡村振兴战略的接续实施,有效改善了农村地区的发展环境,水电路讯、养老医疗教育等基础设施和公共服务水平显著提升,农村生态环境显著改善,县域经济走强、乡村产业发展带来就业创业活力,农村地区对城乡人才的吸引力在持续增强。2022年,全国仅各类返乡入乡创业创新人员便达到1220万人,增量连续三年保持在100万人以上。

三、现阶段乡村人才建设面临的困境和挑战

人才兴则乡村百业兴。乡村人才振兴为乡村地区各项事业发展提供了坚实的人才保障。但是在充分肯定乡村人才振兴面临着机遇的同时,也要预见到,乡村人才建设还存在着一些问题和挑战。

(一)人力资本整体偏低,人才结构不尽合理

一方面,农村地区各类人才受教育程度总体偏低,造成农村地区生产效率提升速度缓慢,难以为全面推进乡村振兴、构建农业强国、走中国式农业农村现代化提供物质和智力支撑。另一方面,人才结构失衡问题依旧突出。随着传统意义上乡土社会的逐步瓦解,长期维持乡村稳定的社会政治文化日益崩塌,农村地区对现代法律、文化、规划、治理人才的需求甚至超过了经济类人才。专业人才短缺、人才结构失衡严重阻碍了宜居宜业和美乡村建设进程。

(二)农业农村现代化进程不断对人才质量提出新要求

农业农村现代化是乡村振兴战略的总目标。从动态视角来看,在新一轮科技革命、知识革命推动下,科学技术加速更新,新技术、新理念以加速度的方式向农村地区渗透扩散,深刻地推动着农村发展方式的变革,这无疑对乡村人才的综合素质提出了更高的要求。但受人力资本增长规律和

农村地区较低教育资源储备的影响，农村居民"人"的现代化相对于"物"的现代化速度愈发缓慢，人力资本相对贬值速度加快，各类乡村人才越来越难以通过简单培训满足乡村振兴的需要。

（三）乡村人才培育机制有待健全

受制度惯性的影响，虽然各地区提出了"创新乡村人才培育机制"的发展目标，但无论是从培训对象、培训内容还是培训效果看，乡村人才培育机制都有待进一步健全。在现有乡村人才培训体系下，培训对象更加关注合作社、家庭农场等新型农业经营主体，从经济角度出发这有利于发挥其带农促农优势，但并不利于处于弱势地位的小农户和乡村发展所需的各类专业人才的培养。同时，部分培训内容同质化严重，重培训过程、轻培训效果，培训"走过场"问题依旧存在，培训效果与参与培训者心理预期落差较大，打击各类人才参与培训的积极性。

四、乡村人才振兴的路径选择

全面推进乡村振兴，加速农业农村现代化进程，必须破解人才瓶颈制约，为此需要在以下四个方面重点发力。

（一）推动识才敬才，用好用活本土人才

本土人才生于斯长于斯，熟悉乡土文化和资源禀赋，对本地如何发展、乡村如何振兴具有发言权。从情感角度而言，本土人才对乡土有着深厚的感情，对于本地的发展也更愿意投入物力财力智力支持。做好本土人才的培养工作，一方面，要把会管理、懂技术、有文化的各类本土优秀人才识别挖掘出来，建立人力资源大数据库，做好人才储备、分类，摸清本土人才底数。同时，要大胆用活人才政策，为"土专家""田秀才""乡创客"创造发挥才力智力的广阔舞台，切实做到不拘一格选才用才，不断扩充本土人才队伍。

（二）建构人才引进新机制，提升人才回流向心力

要紧扣乡村振兴人才需求，多渠道、多层次、多形式地引才，为乡村振兴积蓄强大"势能"。一是要强化人才引进政策供给，通过税费减免、财政补贴、融资贷款、编制倾斜等政策举措，鼓励和吸引各类人才到乡村创业就业。二是强化专业人才引进。鼓励城镇专业人才参与乡村振兴，对

乡村各项事业发展最紧缺的法律、文化、规划、治理等人才，按规定保障其在职称评定、工资福利、社会保障等方面的权益。三是注意外来引进人才与本土培育人才的"有机融合"之道，尤其是政策的受益度与公平度，使其坚定为乡村振兴服务的决心，勇担中流砥柱的作用。

（三）完善乡村人才培育机制，提升人才培育实效性

要为乡村各类人才提供广阔的成长成才空间，最大限度激发乡村人才内在活力，为乡村振兴提供新动能。一是要提升乡村人才培训普惠性。坚持尽力而为、量力而行，尽可能加强乡村人才培训供给，为包括小农户在内的所有乡村人才提供参与培训的机会。二是要做好培训需求分析，合理设置培训内容。如高素质农民培训要根据当地农业农村经济社会发展条件，充分运用一定的技术和方法分析其技术或知识的不足，针对性提供培训内容。三是加强专业化培训。加强政企、政校合作，为乡村公共服务人才、乡村治理人才等专业人才培训进修创造空间。

（四）完善教育分层新体系，增强人才后备支撑力

提升乡村居民整体教育水平、打造终身学习型社会是破解农村地区"人力资本加速贬值"困境的根本之策。为此，一是要完善义务教育配套建设，通过扩大农村教师特岗计划实施规模、定向培养"一专多能"乡村教师等方式提升义务教育师资力量。二是大力推行农村高中阶段教育的普及工作。在生源相对充足地区，加大农村高中新建扩建力度，提升生源可容率。通过财政支持，分阶段逐步推进高中阶段教育基本学杂费免除。三是多种形式发展成人教育。对于农民而言，短期培训可以提升技能水平，但是系统性的教育仍不可或缺。为此，应重点加强农村成人教育的经费投入和教师队伍建设，推动县域内部分职教中心向社区学院转型。同时用好互联网等新兴媒介，破解农民学习时空不匹配难题。

（来源：《中国国情国力》 2023年第4期）

八八战略与新川模式

——中国式乡村现代化发展创新实践

张 琦 王一凡

【摘 要】"八八战略"引领浙江现代化发展迈向新台阶,助力浙江在经济社会高质量发展、城乡居民共同富裕道路上取得辉煌成就。在"八八战略"的思想指引下,浙江省长兴县新川村积极探索和创新乡村发展制度模式与实践路径,以践行"两山"理念为前提,把"村企共建"作为促进乡村现代化发展的有效抓手,在实践中形成了具有中国特色的乡村现代化发展创新模式——"新川模式",为中国式乡村现代化发展与共同富裕实践树立了良好典范。然而,着眼长远,在中国式乡村现代化发展中实现共同富裕,还需要重点把握几个关键着力点。

【关键词】八八战略;新川模式;乡村现代化发展;创新实践

追本溯源,"八八战略"蕴含丰富的理论内涵和现实价值

"八八战略"是顺应时代之变、符合社会经济发展规律的重大区域发展战略。21世纪初是中国经济深刻变革的关键历史时期,经济全球化和科技革命浪潮为中国经济结构转型升级、体制机制创新带来了重大机遇与挑战。"八八战略",即"发挥八个方面的优势""推进八个方面的举措"的决策部署,成为引领浙江现代化发展的总纲领、总遵循。

"八八战略"是马克思主义中国化的重要产物,蕴含着丰富的大局观、辩证观、实践观和价值观。第一,大局观体现在"八八战略"从浙江全省发展战略高度谋篇布局,统一部署,强调从经济、政治、文化、社会和生态文明建设各领域协调发展,生动体现了"五位一体"总体布局的思想实践。第二,辩证观体现在"八八战略"始终坚持以马克思主义辩证观点分

析和研判发展问题与形势，强调深入发掘优势，补齐短板弱项，化劣势为优势，始终坚持把发挥、培育和转化优势作为浙江省经济社会发展的关键着力点。第三，实践观体现在"八八战略"始终坚持实事求是原则，在坚持开展大量调查研究的基础上，以"干在实处"的精神，从浙江经济发展实际出发，提出符合国情省情的发展战略举措。第四，价值观体现在"八八战略"始终坚持以人民为中心的发展思想，以"发展为民"的态度和决心，致力于提高居民收入水平，提升居民获得感和幸福感，从而实现全民共同富裕目标。

"八八战略"引领浙江现代化发展迈上新台阶，助力浙江在经济社会高质量发展、城乡居民共同富裕道路上取得辉煌成就。中国自加入 WTO 以来，始终以开放姿态接轨世界，而浙江省作为东部沿海经济大省、外贸大省，在"八八战略"的引领下，勇立时代潮头，主动把握对外开放机遇，以开放包容的态度吸引国际资本投资、鼓励企业走出去。近年来，浙江省积极探索打造浙江自贸试验区等对外开放平台，促进全省对外开放水平进一步提升，外贸规模稳居全国前三，出口占全国份额超 14%，在对外开放大局中的影响力和贡献度不断提高。从经济总量上看，2022 年浙江省生产总值达 7.77 万亿元，跻身全国经济发展省级第一梯队，仅次于广东、江苏、山东这三个东部经济强省；全省 90 个县（市、区）中 GDP 超千亿的有 25 个，区域经济高质量均衡发展特征进一步凸显。从居民收入指标来看，2022 年浙江省全体居民人均可支配收入突破 6 万元大关，达到 60302元，其中，农村常住居民人均可支配收入 37565 元，连续 38 年居全国省区第一。浙江全省城乡收入分配格局不断优化，2022 年浙江城乡居民收入比为 1.90，比上年缩小 0.04，城乡收入差距已连续 10 年呈缩小态势。在全国范围内，浙江省可以说是当之无愧的"民富""共富"第一省。

"八八战略"为新发展阶段全面推进浙江高质量发展与共同富裕注入强大底气和信心。党的十九大以来，中央赋予浙江打造"重要窗口"和高质量发展建设共同富裕示范区的新使命新目标，开辟了中国特色社会主义在共同富裕示范区生动实践的新境界，为新发展阶段浙江的高质量发展和现代化建设指明了前行方向。立足新征程，浙江省继续深入实施"八八战略"，弘扬"干在实处、走在前列、勇立潮头"的浙江精神，以"两个先行"打造"重要窗口"，在高质量发展中奋力谱写中国式现代化浙江新篇章。"八八战略"思想深刻、意味深远，时隔 20 年，"八八战略"在引领区域高质量发展、推进共同富裕与现代化发展过程中仍焕发旺盛生机，彰显出丰厚的理论价值与时代光辉。

一是审时度势，把握时代发展机遇。发展是党执政兴国的第一要务，是解决我国一切问题的基础和关键。实现区域高质量发展必须顺应时代发展趋势，贯彻新发展理念，从实际出发探索适合省情的发展模式。"八八战略"来自于大量的调查研究，来自对世界形势及国情省情的准确认识和把握，对于新发展阶段开辟浙江高质量发展新路径具有重要意义。

二是因地制宜，充分发掘区域优势。立足七山一水两分田的地理条件，充分发挥山海优势，在开放大局中抓机遇、促变革、谋创新；依托长三角区域一体化，充分发挥资源、市场、技术等方面的区域比较优势，在区域协调发展中促进要素合理流动与高效集聚，打造具有区域特色的优势主导产业，充分激发数字经济、高新科技产业等经济增长新引擎。

三是凝心聚力，全面聚焦重点领域。"民富""共富"既是浙江省的发展优势和竞争力所在，同时也是浙江省作为共同富裕先行示范区必须树立的新目标和新定位。近年来，浙江省围绕缩小地区差距、缩小城乡差距、缩小收入差距、推动公共服务优质共享、打造精神文明高地、打造共同富裕现代化基本单元等六个领域展开试点，积极探索形成了许多"标志性成果、普遍性经验"。

"八八战略"孕育乡村现代化发展创新模式——"新川模式"

在"八八战略"的科学指引下，浙江省在乡村现代化发展实践中不断深化改革，积极探索和创新乡村发展制度模式与实践路径，形成一批地域特色浓厚、极具借鉴价值的中国式乡村现代化发展创新模式。21世纪以来，浙江省长兴县新川村在党建引领下，积极探索和创新乡村发展制度模式与实践路径，以践行"两山"理念为前提，把"村企共建"作为促进乡村现代化发展的有效抓手，通过组织形式创新和资源优化整合，构建"企业＋村集体＋村民"利益联结机制，实现从"靠山吃山"向"绿色兴村""绿色富民"的华丽蝶变，在实践中形成了具有中国特色的乡村现代化发展创新模式——"新川模式"。以"村企共建"为典型特征的"新川模式"为全省乃至全国的乡村现代化发展与共同富裕实践提供了宝贵的发展经验，具有重要的参考价值。

践行"两山"理念，开辟绿色发展新路子。2004年，时任浙江省委书记的习近平同志考察新川村本土企业，提出工业企业要绿色发展，要将生态环境优势转化成为生态经济优势。2005年，习近平同志在安吉余村提出

"绿水青山就是金山银山"的发展理念，为新川村探索绿色发展道路提供了重要指引。此后，在张天任同志的长远谋划和坚强带领下，新川村积极响应号召，忠实践行"两山"理念，采取"腾笼换鸟"方式，关停全部矿山，淘汰"低小散乱污"落后企业，积极推进产业结构转型升级，为新川村绿色产业发展营造了良好的建设环境。同时，作为天能集团的掌舵人，张天任同志带领天能集团连续几十年深耕新能源动力电池行业，在绿色发展道路上主动谋创新、抓机遇，将村办蓄电池厂逐步打造为领跑中国新能源电池行业的上市集团。此外，新川村通过持续开展乡村"四化""千村示范、万村整治"等工程，树立了生态宜居、乡风文明的美丽乡村新风貌。

依托"村企共建"，铺就乡村共同富裕发展道路。新川村与天能集团正式结对于2008年。依托村企共建平台，天能集团充分发挥作为龙头企业的辐射带动作用，引导当地村民发展电池配套产业，形成以动力电池为核心的产业生态圈，持续引领新川村绿色产业高质量转型发展。目前，与天能集团上下游配套的企业就有30多家，规模企业有10多家。"村企共建"发展模式为新川村铺就了一条"以企带村、以村促企"的共同富裕发展道路。一方面，"村企共建"既能够盘活农村闲置土地，促进村集体经济发展壮大，还能为村民提供"就业不离土"的优质岗位，从而提高村民收入水平。如今，天能集团及上下游企业能够吸纳新川村及周边村民6000多人就业。在龙头企业带动下，2022年新川村实现集体收入885万余元，村民人均年收入超过15万元。另一方面，通过"村企共建"实现农村土地、劳动力与企业资本、人才、技术等要素的有效匹配，满足企业用地、用工需求的同时，能够有效降低企业生产成本，为提升企业发展效益、扩大乡村产业发展规模提供了物质基础。

发掘生态资源优势，促进农村"三产融合"发展。绿色是新川村最厚重的高质量发展底色。新川村群山环绕，生态优美，森林覆盖率达80%以上，近年来，新川村以推进精品村建设为抓手，推动"一村万树"行动，实施绿化、亮化、洁化、美化"四化"工程，同时，全力打造休闲农业、乡村文旅等三产融合发展模式，带动地方企业向绿色、高质量可持续发展转型，走出了一条生态优、百姓富、环境美的绿色发展道路。在天能集团的支持下，新川村围绕文旅产业、乡村建设和资本运营三大板块成立了3家"强村公司"，创新性地引入现代股权基金模式，用于发展休闲农业、乡村旅游、精品民宿等特色优势产业，不仅盘活了村民闲置资金，丰富乡村经济发展业态，进一步拓宽富民产业链，还实现了"村民变股东"，让农民分享更多乡村产业融合发展红利。

着眼长远，把握关键着力点，在中国式乡村现代化发展中实现共同富裕

党的二十大报告指出，全面建设社会主义现代化国家，最艰巨最繁重的任务仍然在农村。在全面推进乡村振兴与实现共同富裕的新征程中，持续创新乡村现代化发展模式，还必须准确把握几大关键着力点。

一是加强战略谋划和顶层设计，科学规划乡村发展路径。历史和实践经验表明，乡村经济社会是一个复杂多元的系统，而乡村发展不存在千篇一律的范式。一方面，乡村现代化发展是一个系统性工程，必须准确理解和把握乡村现代化发展的客观规律，以系统观念统筹谋划乡村现代化发展模式与路径，加强各类规划的系统衔接，形成区域一体、城乡融合的乡村现代化发展体系。另一方面，各地区之间资源禀赋、区位条件等因素存在显著差异，要求乡村现代化发展不能盲目照搬成功模式，而是必须遵循因地制宜的基本原则，准确把握地域特色、文化传承和历史脉络，立足本土资源和地理优势，打造具有区域特色的核心产业。

二是强化农村党建引领作用，实现乡村治理现代化。农村基层党组织是党密切联系农民群众的基本纽带，是引领乡村现代化发展和有效治理的领导主体。乡村现代化发展的成功关键在于强大的组织动员能力。要实现共同富裕，更好发挥"村企共建"在乡村现代化发展中的推动作用，必须始终坚持以人民为中心的发展思想，强化农村党建引领作用，促进乡村治理现代化。一方面，要全面加强农村基层党组织建设，发挥农村党支部战斗堡垒作用和党员先锋模范作用，探索建立农村党组织与村民创业就业有效对接机制，充分激发村民参与乡村现代化发展积极主动性。另一方面，要进一步深化乡村"三治融合"模式，全力打造党员、乡贤、群众参与乡村现代化发展与治理的共建共治共享新格局，凝聚村民团结协作办大事的决心和斗志。

三是打造产业发展引擎，激发乡村发展动能。产业兴旺是解决农村一切问题的前提，而绿色发展是促进乡村产业兴旺的必要条件。乡村现代化发展的关键是要充分发挥乡村特色资源优势，打造高品质、多元化的现代乡村产业体系，促进农业增效、农民增收、农村繁荣。一方面，要立足区域特色资源优势，优化乡村产业布局，探索创新农村三产融合发展模式，积极培育乡村新业态，推动乡村富民产业、现代商业和服务体系建设，充分挖掘乡村产业功能和价值。另一方面，要深入贯彻绿色发展理念，扎实

推动乡村绿色产业价值链延伸,拓宽乡村产业增值增效空间,同时,要进一步完善"企业+村集体+村民"利益联结机制,让农民更多参与乡村绿色产业发展,分享产业增值带来的收益。

参考文献

①杜志雄,赵黎,崔红志. 跨村联建、村企共建:农村基层党组织创新与发展的实践探索[J]. 中共中央党校(国家行政学院)学报,2022,26(1):95-103.

②郭占恒. "八八战略":跨越时空的思想传承和行动指南——写在"八八战略"提出实施20周年之际[J]. 观察与思考,2023(2):20-33.

③孙慧娟. 以基层党建引领乡村治理现代化[J]. 人民论坛,2022(21):65-67.

④向建平. 创新产业发展模式推动乡村振兴[J]. 人民论坛,2022(18):76.

⑤张琦. 稳步推进脱贫攻坚与乡村振兴有效衔接[J]. 人民论坛,2019(S1):84-86.

新时代高质量推进乡村振兴的新川模式

——中国式乡村现代化和共同富裕的村级示范

张 琦

【摘 要】 实现中国式现代化，离不开中国乡村的现代化。21世纪以来，新川村积极践行"绿水青山就是金山银山"重要理念，以"八八战略"和"千万工程"为指引，将创业的历史传承与新发展理念相融合，创办以天能公司为代表的众多乡村企业，推动新川村率先基本实现现代化，塑造了中国式乡村现代化和共同富裕的村级示范。新川村坚持以企兴村、绿色低碳、乡贤助富、共治共享的发展思路，实现了产业、生态、组织、人才、文化的全面振兴，为我国全面推进乡村振兴提供了方案和经验。新川模式的成功在于把当地创业文化传承和新发展理念相结合，充分体现了当地艰苦奋斗创业的精神本质，也准确把握了新时代乡村振兴的时代要求，探索形成了以企兴村和乡贤助力的平台制度。

新川村，地处苏浙两省交界之处，位于群山环抱的长兴县煤山镇。中华人民共和国成立以来，这一村庄实现了从"贫困村"向"共富村"的转型过渡。尤其是21世纪以来，新川村根据时任浙江省委书记习近平提出的"八八战略"要求，坚决推进实施"千万工程"，全力发展绿色生态工业，培育出了跻身中国500强的新能源电池企业天能集团。在工业化和现代化的发展历程中，新川村坚持"绿水青山就是金山银山"重要理念，构建村企共建模式，以产业发展强经济，以共享共建促增收，以乡贤支撑谋发展，打造了推动实现中国式乡村现代化和共同富裕的村级示范。2022年村集体经济总收入达885.48万元，村民人均可支配收入超15万元，先后获得全国民主法治示范村、浙江省乡村振兴示范村、浙江省全面小康建设示范村等多项荣誉称号。村党委书记张天任连任三届全国人大代表，先后获评全国劳动模范、全国优秀党务工作者等荣誉称号。新川村是改革开放发展潮流中村庄实现工业化现代化的缩影，是中华民族崛起之路上村庄文明传承与升华的标杆。新川模式为我国全面推进乡村振兴、走中国式乡村现代化道路和实现共同富裕提供了学习、推广、借鉴的理论范例和实践样本。

一、新川模式的典型性及代表性

新川，是"绿水青山就是金山银山"重要理念的样板地和模范生，是以工业化推动实现乡村现代化的中国典范，是实现绿色共同富裕的村级示范。

（一）践行"绿水青山就是金山银山"重要理念的村级模范

2005年8月，时任浙江省委书记的习近平同志在浙江安吉余村考察时，提出了"绿水青山就是金山银山"的科学论断。"绿水青山就是金山银山"，是习近平总书记统筹经济发展与生态环境保护作出的重要论断，为我们在新时代营造绿水青山、建设美丽中国，转变经济发展方式、全面建成社会主义现代化强国提供了有力思想指引。

新川村从靠山吃山的环境污染村，到产业兴旺的绿色生态村，护美绿水青山、做大金山银山。新川村以壮士断腕的决心，摆脱对传统工业的依赖，以艰苦奋斗和开拓创新的浙商精神，开辟了绿色发展的村庄道路。新川村以翻天覆地的变化，丰富生动地诠释了"绿水青山就是金山银山"的重要理念。

（二）新发展理念和乡村创业文化相融合的村级标杆

习近平总书记在庆祝中国共产党成立100周年大会上的讲话中提出："坚持把马克思主义基本原理同中国具体实际相结合、同中华优秀传统文化相结合。"早在2003年，习近平总书记提出"八八战略"，要求进一步发挥浙江的人文优势，积极推进科教兴省、人才强省，加快建设文化大省。这为新川村探寻高质量发展道路提供了新思想和新路径。

新川村在"以企立村"的基础上，将创新、协调、绿色、开放、共享的新发展理念与新川村艰苦奋斗的创业精神、开拓创新的兴业精神相融合，形成了新川村高质量乡村振兴的动力底蕴，进一步丰富了中国式乡村现代化的深刻内涵。

（三）以新型工业化推动实现中国式乡村现代化的村级典型

2003年7月，时任浙江省委书记习近平提出，要进一步发挥八个方面的优势、推进八个方面的举措，即"八八战略"，指引浙江走出改革创新、开放图强之路。"八八战略"中最为关键的优势和举措之一是，进一步发挥浙江的块状特色产业优势，加快先进制造业基地建设，走新型工业化道路。

近20年来，新川村加快推进工业转型升级改造，大力发展生态工业，不断增创发展新优势，形成了以天能集团为龙头，配套企业为补充，现代服务业为支撑的新型工业化产业体系，走出了一条产业强村、以产促农、村强民富、特色鲜明的乡村振兴之路，形成以新型工业化推动实现乡村现代化的中国典范。

（四）以绿色发展助力实现共同富裕的村级样板

2003年6月，时任浙江省委书记习近平在浙江亲自谋划、亲自部署、亲自推动"千万工程"，提出从全省近4万个村庄中选择1万个左右的行政村进行全面整治，把其中1000个左右的中心村建成全面小康示范村。其主要做法：坚持生态优先、绿色发展，坚持因地制宜、科学规划，坚持循序渐进、久久为功，坚持党建引领、党政主导，坚持以人为本、共建共享，坚持由表及里、塑形铸魂。

新川村遵循"生活靠集体、致富靠自己"的理念，通过企业帮扶改善村内基础设施、打造致富平台，激发村民内生动力，以产业兴村，但不忘绿色发展，既实现了经济发展，又留住了绿水青山，推动实现了村庄全体居民绿色共同富裕，形成以绿色发展助力实现共同富裕的村级样板。

专栏：新川荣誉

2004年　长兴县"文明村"

2006年　浙江省"全面小康建设示范村"；湖州市"生态村"；长兴县"民主法治村"

2007年　湖州市"村企心连心、共建新农村先进单位"

2008年　浙江省"卫生村"；湖州市"健康教育示范村"；长兴县"最美乡村"

2009年　湖州市"全面小康建设示范村"；煤山镇"创建国家卫生镇健康单位"

2010年　湖州市"农村文化'八有'保障工程示范村";长兴县"文化工作先进集体";长兴县"计划生育示范村"
2011年　长兴县"魅力乡村"
2012年　长兴县"抗台先进集体";煤山镇"先进基层党组织"
2013年　湖州市"农村文化'八有'保障工程示范村"
2014年　长兴县"先进便民服务中心";浙江省省级示范服务中心
2015年　长兴县第六届排舞大赛金奖
2016—2017年　煤山镇"先进基层党组织"
2018年　长兴县"先进民兵连"
2018—2019年　煤山镇"先进基层党组织"
2019年　浙江省美丽乡村特色精品村
2019年　"浙江省担当作为好支书"称号
2020年　入选2020年浙江省第一批3A级景区村庄
2020年　省级引领型农村社区
2021年　2020年度"湖州市乡村治理示范村"
2021年　长兴县"健康村"
2021年　2020年度"浙江省善治示范村"
2021年　《"两山"理念引领乡村"蝶变"村企共建抒写振兴样本》被列入"中国乡村文化产业创新·影响力典型案例"
2022年　省级乡村博物馆
2022年　省委党校现场教学基地
2022年　2022年浙江省星级社区服务综合体四星级
2022年　湖州市党建引领示范景区村庄
2022年　浙江省乡村旅游重点村
2022年　浙江省民主法治村
2022年　2022年度省级高标准农村生活垃圾分类示范村
2022年　2022年湖州市四星级幸福邻里中心
2023年1月　浙江省2022年度乡村振兴示范村
2023年1月　2022年度平安建设担当先进集体
2023年2月　2022年度湖州市实干争先综合绩效考核强村榜
2023年2月　浙江省健康村
2023年3月　新川村千层饼列入县级非遗名录
2023年5月　湖州市一季度最美村

2023年6月	湖州市文明村
2023年6月	浙江省"红色根脉"强基示范村
2023年6月	兴税先锋助力共同富裕新川实践基地
2023年6月	浙江省"红色根脉"强基示范村

二、新川模式的特色及创新性

改革开放以来，中国农村发生了天翻地覆的深刻变化，诞生了一批中国乡村发展的名村，比如小岗村、花园村、余村、滕头村等。这些村庄都在改革开放以后，经历从小到大、从弱到强、从穷到富的华丽蜕变，最后脱颖而出，成为中国乡村现代化发展的先进典型。其中，小岗村是中国农村改革的时代先锋；花园村是"以工强村、以商兴村、以游美村"的典型代表；余村作为"绿水青山就是金山银山"理念诞生地，是乡村绿色发展的典范；滕头村是美丽生态、美丽经济、美好生活"三美融合"的先进示范村。与这些村庄相比，新川模式的特色是发扬当地的创业文化，形成一批不屈不挠的企业和企业家群体，以企兴村，村企共建，形成了乡贤助富、共治共享的发展格局。

表1 新川与其他典型乡村的基本情况与发展理念路径比较

行政村	村域面积（平方千米）	经济发展与村民收入情况	主要发展理念和路径
新川村	10.2	2022年，新川村村集体经济总收入达到885.48万元，村民人均可支配收入超过15万元。	以企兴村的发展战略；绿色低碳的发展思想；村企共建的发展模式；乡贤助富的发展格局；共治共享的发展制度。
小岗村	15	2022年，小岗村村集体经济收入达到1300万元，村民人均可支配收入达到33000元。	思变求新，率先探索村集体土地"分田到户"，激发农民积极性，拉开中国农村改革序幕。
花园村	5	2022年，花园村全村营业收入达到655亿元，村民人均年收入达到16.5万元。	以工强村、以商兴村；两创（创业富民、创新强村）、两富（物质富裕、精神富有）、两美（美丽乡村、美好生活）。

续表

行政村	村域面积（平方千米）	经济发展与村民收入情况	主要发展理念和路径
余村	4.86	2022年，余村村集体经济收入达到1305万元，村民人均收入达到64863元。	贯彻"两山+双碳"理念，持续拓宽"绿水青山"向"金山银山"转化通道。
滕头村	2	2022年，滕头村实现社会生产总值127.9亿元，村民人均纯收入达到7.8万元。	生态立村，生态强村；三美融合（美丽生态、美丽经济、美好生活）。

20年来，新川村忠实践行"绿水青山就是金山银山"重要理念，在浙江省"八八战略"指引下，始终坚持以企兴村的发展战略，工农互哺，推动实现产业振兴；始终坚持绿色低碳的发展思想，和谐共生，推动实现生态振兴；始终坚持村企共建的发展模式，创新联动，推动实现组织振兴；始终坚持乡贤助富的发展格局，汇聚合力，推动实现人才振兴；始终坚持共治共享的发展制度，厚植乡风，推动实现文化振兴，奋力走向共同富裕，探索出一条中国式乡村现代化新路径。

（一）始终坚持以企兴村的发展战略，工农互哺，推动实现产业振兴

产业振兴是乡村振兴的重中之重。正因为有了产业，才有了新川乡村振兴的斐然成绩。新川村始终坚持以企兴村的发展战略，通过一、二、三产业协调快速发展，走出了一条以企兴村、以产促农的乡村振兴之路。

第一阶段，农业资源有限倒逼工业发展。在山多地少、资源贫瘠的新川村，传统的农业耕种无法让村民过上小康生活，更谈不上发家致富。20世纪50年代末，新川就开始创办企业，进行工业化尝试。改革开放后，新川村乘着春风走上了"产业兴村"的路子，让"苦瓜村"开始呈现蓬勃生机，石棉瓦厂、金属冶炼厂、炼油厂、蓄电池厂、石料加工厂、竹笋加工厂等各类工厂企业如雨后春笋般兴起。在万元户还寥寥无几的年代，年收入几万元在新川已不是什么稀罕事。

第二阶段，环境破坏严重催生产业升级。进入21世纪，新川"村村点火，户户冒烟"的粗放型发展方式遇到了严峻挑战，促使新川村着力推动产业升级转型。起步于新川村的天能集团，充分发挥龙头企业的带动辐

射作用，引导当地村民发展电池配套产业，还投资建成煤山绿色制造产业园，形成以动力电池为核心的新能源、新材料、新服务等产业生态圈，真正做到"天能制造、新川配套"，为广大村民铺就了一条"就业不离土、安居不离乡"的富民路。目前，新川村拥有各类工商企业34家，其中规上工业企业12家，都是有技术含量、有规模、有市场的绿色发展的"优质企业"，其中，天能配套企业30多家，相关从业人员1200余人，在天能集团担任中层以上管理人员142人。

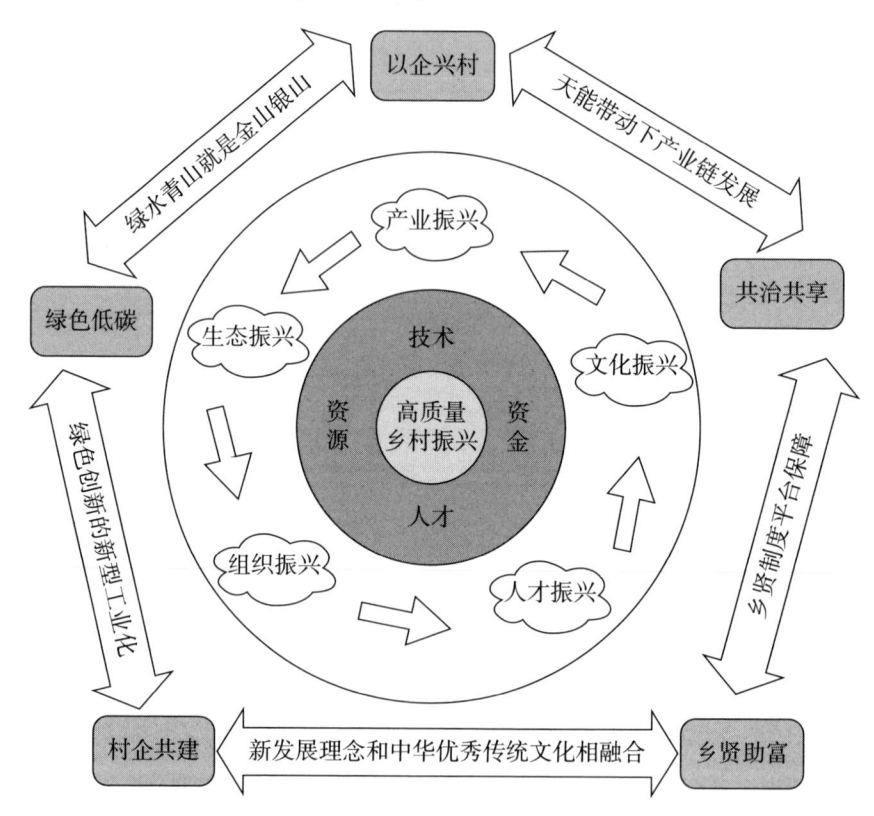

图1 高质量推进乡村振兴的新川模式

第三阶段，新时代路上谋求创新发展。"乡村振兴要靠产业，产业发展要有特色"。党的十八大以来，新川以企业兴村为基，以创业创新为魂，以生态宜居为韵，以兴业富民为本，着力培育壮大产业支撑，突出一二三产业融合发展，延长产业链、提升价值链、完善利益链，在中国新能源龙头企业天能集团的强力带动下，形成以新能源高端制造为龙头，配套服务产业协调发展，休闲农业、乡村旅游、精品民宿、农村电商等第三产业有效衔接的特色产业体系，带领村民走向共同富裕之路，奏响了工业文明与农业文明、生态文明的精彩交响曲，彰显了大美新川繁花似锦的富足殷实。截至2022年，全村985户村民中百万元户超600户，千万元户超200户，农民人均年收入突破15万元。

第四阶段，村集体经济助力产业发展。2021年11月20日，新川村召开第三届乡贤大会暨共同富裕推进大会。在这次大会上，新川村成立了新川股权投资合伙企业（有限公司）、长兴新川文化旅游发展有限公司、长兴新川建设发展有限公司等三家"强村公司"，创新性地引入现代股权基金模式，用于发展休闲农业、乡村旅游、精品民宿等特色优势产业，不仅盘活了村民闲置资金，丰富乡村经济发展业态，进一步拓宽富民产业链，还实现了"村民变股东"，让农民分享更多乡村产业融合发展红利。在成立仪式上，新川村党委书记、村民委员会主任、天能集团董事长张天任说："成立这些公司，其目的就是为了更好地发展'美丽产业'，拓宽村民创富新渠道，壮大村级集体经济，丰富乡村经济业态。"在具体运作方面，新川村下辖的自然村每村选出一名代表作为股东，将村民的闲置资金转投到文化旅游和建设公司，投资收益由村民共享，以及用于村养老、救助等公共服务。

专栏：20世纪新川乡村工业发展之路

（一）新川工业萌芽的初探

20世纪50年代末到60年代初，我国掀起"大办工业"热潮，新川相继创办10多家社队企业；然而，1965年开始，受"左"倾思想的干扰，刚刚萌芽不久的新川村工业被牵进了一段"黑工厂"的办厂史。

1968年，正值红星模具厂蒸蒸日上发展的大好时光，它却被定性为"资本主义黑工厂"，遭查账封厂，冻结没收现金30万元。大队书记、大队长和厂长被判刑坐牢，直至党的十一届三中全会结束后，他们才得到彻底平反。那些耐火厂，同样受到风波的冲击。"黑工厂"事件，对张坞村、楼下村民众的思想、集体经济都带来了很大创伤。尽管如此，那个时期新川各个大队仍然相继办起砖瓦窑、木材加工厂、竹艺厂等一批队办企业。当年这些队办企业规模都不算大，生产工人队伍主要是由生产队抽派多余的劳动力来组成。"农闲做工，农忙务农"，时开时关，俗称"开关厂"。这些"开关厂"，在夹缝中顽强成长，寻找着各种可能生存的机会和活法，憧憬着春天的到来。

（二）改革开放初期的新川工业

1978年，党的十一届三中全会后，我国开始实行对内改革、对外开放的政策，对内改革先从农村开始。春雷依然开始鸣响，1982年，长兴县广大干部群众全面贯彻落实"改革开放"的方针，在农村推行联产承包责任制，实行以生产队为基础，土地山林承包到户。农村产业结构调整，农民有了自己的生产经营权，解放生产力，大大激发了农民的生产积极性，促进了农村经济的发展。

新川村被改革解放出来的村民自发地寻找出路，闻风而动，在市场经济的大潮中千帆竞发，百舸争流。为了满足市场对大量石材的需求，新川村靠山吃山，靠水吃水，先后开办了佛殿基石矿、杨梅涧石矿、陈家庄石矿和下其岭石矿等，为宜兴制作紫砂壶的工厂提供原料。这些工厂和石矿，掀起新川人首轮致富潮。这个时期，大量社队企业涌现出来，1984年后都称作乡镇企业和村办企业。

（三）改变新川命运的"承包"

1986年4月，经过一段时间的筹建，天能集团的前身——煤山第一蓄电池厂正式挂牌成立。然而，煤山第一蓄电池厂成立不久，其集体经营机制的弊端就暴露无遗。由于厂领导都是由生产大队指定的，逃不出计划经济时代的怪圈，他们不懂企业的生产和管理，也不懂技术和市场，经营管理跟不上，导致生产滑坡。

屋漏偏逢连夜雨。1958年，全国开始出现经济增长过热、信贷规模过大、货币发行过多等问题。党的十三届三中全会提出了治理经济环境、整顿经济秩序的改革方针，着手调整经济发展的速度和规模，全国各地出现了一股"压乡办企业，保全民企业"的潮流。乡镇企业的外部环境开始变得日益严峻起来。

楼下村的干部几经商议，认为承包是唯一可行的办法。要想让煤山第一蓄电池厂"起死回生"，走出低谷，村里要全面放手，将工厂交给懂生产、懂管理、懂市场的能人去承包，实行个人承包经营责任制。这一消息不胫而走，当时，兼任电池厂出纳会计的张天任得知这个消息，内心不由泛起波澜，一个大胆的想法在脑海中蹦了出来。张天任把几年积攒下来的钱全部拿出来，一共12500元，为保险起见，确保竞标成功，从朋友那借了几笔，一共凑了17800元。最后，张天任在竞标中脱颖而出。他成功承包了工厂，无论是对于蓄电池厂，还是对于楼下村，包括后来合并的新川村，都是一个极具历史性意义的转折点。

> 到1989年年底，煤山第一蓄电池厂在市场整体低迷的大环境中，逆势翻红，销售收入达到60万元，净利润10多万元。员工工资从1987年集体办厂时的3.8元/天，增加到6.5元/天，几乎上涨了一倍。员工们的积极性空前高涨，不少村民主动找上门，要求进工厂上班。到10年后的1999年，煤山第一蓄电池厂销售收入从20万增长到4000万，整整翻了200倍，成为长兴县的明星企业。

（二）始终坚持绿色低碳的发展思想，和谐共生，推动实现生态振兴

生态振兴是乡村振兴的重要支撑。良好的生态环境是乡村振兴的基础和保障，加强农村生态文明建设，对农村绿色发展具有很大的推动作用。以企兴村的新川，在改革开放以来的40多年发展历程中，既有一路高歌猛进的高光时刻，也有苦尝环境污染恶果的迷茫阶段，但在"绿水青山就是金山银山"理念指引下，新川村在绿色转型发展中不仅找回了绿水青山，还让乡村真正实现了产业兴旺和生态宜居。

一是壮士断腕，踩住污染急刹车。以企兴村让新川人解决了温饱，过上了小康生活，一部分还实现了致富梦，但环境问题也日趋严重。曾经在新川村流传一个段子：新川溪涧的水，20世纪60年代可淘米洗菜，70年代水质变坏，80年代鱼虾绝代，90年代洗不净马桶盖，2000年溪水变牛奶。2004年，时任浙江省委书记的习近平同志考察新川村本土企业，提出工业企业要绿色发展，要将生态环境优势转化成生态经济优势。2005年，习近平同志在安吉提出"绿水青山就是金山银山"的发展理念，为新川村探索绿色发展道路提供了重要指引。此后，新川村严格遵照长兴县的部署，认真落实浙江省委提出的"千万工程""八八战略"，忠实践行"绿水青山就是金山银山"的发展理念，采取"腾笼换鸟"方式，对村内企业进行环境整治，关停了一大批不符合环保要求的工厂、作坊。留下来的企业，一方面，加大环保设施投入，减少污水及污染物排放；另一方面进行转型升级，努力实现高质量发展。新川村以绿色发展引领生态振兴，统筹兼顾生态治理和产业发展，以绿水青山蓝天净土工程夯实乡村振兴的生态之基，以精细密集集约高效发展谋求乡村振兴的产业之本，实现百姓富与生态美的统一。

二是美丽乡村，环境创建添幸福。新川村深入实施美丽乡村"精品

村"建设，利用村集体经济收入及天能集团每年捐赠的100万元新农村建设资金，统筹落实道路硬化、路灯亮化、村庄绿化、污水洁化、垃圾分类等各项民生实事，打响了一场场"改善人居环境、建设美丽家园"的环境整治大会战，实施了景观公园、乡村振兴案例馆、文化大礼堂、幸福之家、供电通信便民设施等多项精品工程，全力打造美丽乡村升级版，村容村貌得到有效提升，实现百姓富、生态美的统一。

三是绿水青山就是金山银山。近年来，新川村更加深刻地认识到绿水青山可以源源不断地带来金山银山，绿水青山就是金山银山。新川村决定发展乡村旅游，进行农旅融合。2018年，新川启动美丽乡村精品村建设，兴建了大量的公共设施，包括乡村振兴新川案例馆、健身步道、公共厕所等，还对村庄进行了绿化，村容村貌焕然一新。目前，绿色发展是新川乡村振兴的最大特色，也是村庄可持续发展的不竭动力。新川村群山环绕，生态优美，森林覆盖率达80%以上，成为远近闻名的精品村、小康示范村、3A级景区村庄。

专栏：新川生态振兴的"四步走"

新川村为创造美丽的生态环境，在美丽乡村特色精品村一开始规划时就强调了环保与生态建设，并发展了其特色和功能。村两委班子严格按照村庄发展规划所确立的"生态·和谐·乡村"理念，在建筑、道路、绿化、水环境等多方面重点把关，使生态建设走上规范化、制度化和组织化管理的道路。

为了实现其环保和生态的特色与功能，新川村做了"四步走"的努力。

第一步，在规划前做好"新川村生态特色"的策划定位。以"绿水青山就是金山银山"理念为指引，"中国最美乡村"为目标，"浙江省美丽乡村特色精品村"为标准，制定详细的生态特色规划，指导后期的项目实施。

第二步，在规划中，引入"多规合一"的理念，生态环境发展规划、土地利用空间规划、项目建设总体规划、产业规划、经济发展和民生规划，多规融合保证规划的落地。为了达到以上目标，新川首先落实生态发展评价先行的机制，最大限度地保护当地生态。其次，确定发展思路，制订生态建设总体规划。通过规划目标定位和生态发展评价，确定总体发展思路、产业发展思路和生态发展思路。

第三步，结合新川村生态的特色，制定专项规划。具体做法便是结合新川村当地的生态特色制定绿色交通、水资源、生态绿地、环保能源等专项规划，融入村庄建设总体设计。

第四步，通过多规合一完善总体规划。在湖州市、长兴县有关部门和专家指导下，新川村聘请上海规划设计专家实地考察调研，结合村庄实际，针对村庄建设、村容环境、乡风文明等方面制定生态建设规划布局，将生态建设规划与土地利用、城镇空间等其他规划相融合，做到多规合一，保障总体规划和专项规划的落地。

新川村生态环境的巨大变化，是长兴县乃至浙江美丽乡村建设的一个缩影。在未来5年，新川村将在"三个提升"方面做文章：第一个是形象提升，把村庄变公园，民居变民宿，乡村变景区，农产品变成旅游产品；第二个是产业提升，大力发展生态工业、生态农业、生态旅游，让村民、居民能够实实在在地提高经济收入；第三个是发展模式提升，在生态环境建设上走出一条"以生态促产业，以产业养生态"的可持续发展之路。

2020年8月，《人民日报》《科技日报》《农民日报》等主流媒体报道解读"新川绿色发展之路"。

（三）始终坚持村企共建的发展模式，创新联动，推动实现组织振兴

组织振兴是乡村振兴的"第一工程"和根本保障。21世纪以来，新川村在党建引领下，积极探索和创新乡村发展制度模式与实践路径，把"村企共建"作为促进乡村治理现代化的有效抓手，通过组织形式创新和资源优化整合，构建"企业＋村集体＋村民"利益联结机制，实现从"靠山吃山"向"绿色兴村""绿色富民"华丽蝶变。

第一阶段，天能集团推动新川村发展。1998年，天能控股集团董事长张天任开始担任新川村党委书记，通过吸纳村民进厂务工，带领乡亲们勤劳致富奔小康。天能集团与新川村结对，搭建起村企共建平台助推乡村振兴，着力打造美丽乡村升级版。天能集团将新川村的发展列入企业发展规划，列入会议的重要议事日程，并安排资金用于村级道路、水利、村级小学、农民公园等设施建设和环境改造。

第二阶段，"村企共建"模式制度化。2008年，张坞、楼下、涧下、邱坞撤村合并组建新川村，新川村与天能集团签订《心连心结对协议》，正式建立村企共建制度。天能集团为新川解决劳动力就业、参与村庄建设，新川村为企业提供人力资源信息，实现村企双向奔赴。自村企携手以来，天能集团与新川村实行村企互助、共建、共享的发展模式，构建优势互补、互相促进的共同发展格局，积极促进乡村产业发展。通过产业带动、合作开发、村民参与等模式，推动产业发展，夯实共建基础，把选种、培育、壮大产业作为村企共建主要抓手，依托毗邻沪宁杭大都市及长三角腹地的区位优势，大力发展乡村绿色富民产业，共同推进乡村振兴。截至目前，天能集团已累计投入2000多万元进行村庄建设，修建文化公园、文体活动室、幸福之家、村史馆等基础设施。新川陆续获得省"全面小康建设示范村"、浙江省AAA级景区村庄等46项县级以上集体荣誉。

"村企共建"发展模式为新川村铺就了一条"以企带村、以村促企"的共同富裕发展道路。一方面，"村企共建"既能够盘活农村闲置土地，促进村集体经济发展壮大，还能为村民提供"就业不离土"的优质岗位，从而提高村民收入水平。如今，天能集团及上下游企业能够吸纳新川村及周边村民6000多人就业。在龙头企业带动下，2022年新川村实现集体收入885万余元，村民人均年收入超过15万元。另一方面，通过"村企共建"实现农村土地、劳动力与企业资本、人才、技术等要素的有效匹配，满足企业用地、用工需求的同时，有效降低企业生产成本，为提升企业发

展效益、扩大乡村产业发展规模提供了物质基础。在天能集团的带动下，新川村与广大企业开展"村企共建"，建起了一条条富民惠民的就业链和产业链，一、二、三产业协调快速发展，驱动绿水青山生态优势转化为产业优势、发展优势，夯实了新川村共同富裕的经济基础，让老百姓的幸福生活真正看得见摸得着、感受得到。

第三阶段，探索创新"党—村—企"共建促共富。随着并村后的发展，2012年，新川村党建工作迈上了新台阶，新川村党支部升格为党总支。2020年9月，新川党总支再次升级为党委，迎来了崭新的工作局面。新川村党委以"支部建在产业链前沿""一切工作到支部"为导向，推进党建提升工程，以产业链为基本网络，建立工业党支部、农业党支部、老年党支部、青年党支部4个党支部。新川村党委紧抓党建工作，激励全体党员干部艰苦奋斗，在经济建设中建功立业，生动诠释了"支部建在连上"这一党内思想的内在机制和实践伟力。新川这一创新，确保了产业发展到哪里，党组织就建到哪里，真正把"前沿支部"延伸到产业振兴的最前哨，切实把服务产业发展，推动共同富裕落实到党组织的神经末梢。

新川村以党建联建为纽带，携手天能集团打造"村企共建"模式，将产业发展与村民致富紧密相连，充分利用天能集团辐射带动作用，引导村民发展电池配套产业。同时与天能集团合作成立3家"强村公司"，构建以新能源高端制造为龙头，配套服务产业协调发展，休闲农业、旅游经济、精品民宿、农村电商等第三产业有效衔接的特色绿色产业体系。全村共有天能配套企业30多家，相关从业人员1200余人，在天能集团担任中层以上管理人员142人，2022年，全村985户村民中百万元户超600户，千万元户超200户，农民人均年收入突破15万元。

专栏：村企共建"未来之路"

2023年6月29日，以"党建引领同奋斗，村企携手促共富"为主题的新川村和天能控股集团共同庆祝中国共产党成立102周年表彰大会暨党建联盟志愿服务队启动仪式，在新川村文化礼堂隆重举行。

大会隆重表彰了近60位为乡村振兴和共同富裕添砖加瓦、勇担当、善作为的优秀共产党员、优秀党务工作者和先进基层党组织。大会上，成立了党员先锋志愿服务队、新青年志愿服务队、巾帼红志愿服务队、"芥文化"志愿服务队四支队伍。新川村将发挥好四支队伍的力量，做老百姓的"贴心人"，不断提升村民的幸福感。

张天任董事长在讲话中表示，村企共建就要让村里的党员和企业的党员，一起把共同富裕和企业发展的担子和责任挑起来、扛起来，把党建优势转化为发展优势，推进村企携手促共富的美好事业再上新台阶、再展新气象、再创新辉煌。他希望全体党员站位再提高、认识再深化，深刻理解党建工作的重要性；要求再明确、目标再聚焦，进一步增强党员干部和基层党组织推动发展的能力；思维再拓宽、特色再彰显，聚力打造新时代村企共建、共同富裕升级版。

张天任董事长指出，面向未来，我们要进一步做大做强党建共建"朋友圈"，推动"新川模式"逐步从村企共建、村村共建拓展升级为区域共建，把产业结对、产业帮扶拓展覆盖到全国各地，让更多新川标杆立起来，让更多"新川模式"树起来，让更多新川品牌亮起来。

新川村党委、台盘村党支部和天能控股集团党委进行抓党建、促乡村振兴"'五联'共建"合作协议签约。

（四）始终坚持乡贤助富的发展格局，汇聚合力，推动实现人才振兴

人才振兴是乡村振兴的关键所在。新川村奋力打造乡贤"金名片"，将凝聚乡贤力量作为助推乡村振兴的重要之举。新川人自古就有敢闯敢干的精神，特别是在天能企业带动下，在外围绕天能从事销售、服务以及自主经商的超过了新川总人口的1/3，此外还有一批活跃在军队、政府、高校的新川人，形成一股强大的新川乡贤力量。新川村乡贤充分发挥自身人脉资源、经济资本、智力智慧，积极投身家乡发展，发挥示范引领作用，为新川村美丽乡村建设出智出力，合心合力共谱新川发展新篇章。

一是乡贤大会，群策群力促振兴。故乡的发展，是对在外游子的殷切呼唤。新川乡贤们致富思源报效桑梓，富而思进回馈社会，成为助推美丽乡村建设的一支重要力量。2019年，在新川村首届乡贤大会上，乡贤们纷纷慷慨解囊，作为村企共建单位，天能集团为新川村现场捐款500万，天能控股集团董事长张天任个人现场捐款100万，整个仪式共获得超千万的认捐款项，这一个个认捐数字都将汇聚成为新川发展的新血液。2019年至今，新川村连续举办四届乡贤大会，累计认捐款项近2000万，极大地助力新川村美丽乡村建设。新川村乡贤大会成立以来，在收集民意、化解矛盾

纠纷、移风易俗、垃圾分类等工作中发挥了不小的作用。通过举办乡贤大会、乡贤代表座谈会，乡贤代表们分别就新川村乡贤年度工作报告、乡贤参事会年度财务报告等进行汇报交流，乡贤们围绕新川村发展规划展开了讨论，积极为家乡建设建言献策。

二是以乡贤引资，撬动美丽乡村建设。新川村不断加强和完善对乡贤工作的领导，组建乡贤参事会，组织召开座谈会、交流会等20场，推动乡贤在乡村建设上发挥积极作用。一方面是引资带动，新川村大力推动实施新乡贤带富工程，吸纳天能股东和外地管理人员成为新川新乡贤，将信息、资金、技术等优势资源带到村里、支持家乡建设发展，引导在外新乡贤回归家乡、建设家乡、反哺家乡。另一方面是结对帮扶，鼓励广大乡贤投身社会公益事业，成立乡贤基金获捐近2000万元，组织开展扶贫济困活动7次，共结对帮扶低保户13户、低保边缘户4户、特困户2户。

三是乡贤人才引进，注入振兴智慧动能。新川村在乡贤人才引进方面做足了功夫，尤其是，新川村美丽乡村建设的巨大变化，吸引了在外优秀新川人返乡，或者开办精品民宿创业，或者放弃高薪自愿竞聘加入村委会为新川村发展注入新鲜血液。如今，越来越多的新乡贤加入返乡创业就业队列，为新川村产业发展、乡村建设、基层治理献计献策，形成推动乡村振兴的强大合力。

专栏：新川村乡贤助力共同富裕

近年来，新川村进一步加强乡贤助力共同富裕示范区建设工作，以乡贤联谊会为平台，以村企结对助力发展为重要抓手，积极引领广大新乡贤反哺桑梓、助力新川振兴共同富裕，在乡贤们的鼎力支持与全体村民的配合下，新川村经济和社会发展取得了丰硕成果，荣获浙江省"全面小康建设示范村"、浙江省3A级景区村庄等46项县级以上集体荣誉。

一、加强组织领导，完善工作机制

在共同富裕示范区建设中，新川村牵头建立煤山镇芥里记忆乡贤示范带，以点带面、串联成线，形成乡贤工作新格局。新川村作为示范带引领村，不断加强和完善对乡贤工作的领导，形成村党委班子成员联系重点乡贤机制，并做到每月定期谋划乡贤工作，实行了每年乡贤恳谈会机制，组织乡贤围绕家乡发展谋思路、想办法。建立健全村乡贤数据库，目前共有党政军干部、政治与社团代表、经济产业人士、专家教授、先进模范等五大类乡贤263人。

二、完善阵地建设，展示特色成果

共富路上，新川村注重新乡贤榜样示范和宣传工作。完善乡贤馆建设，在传统上墙展示的基础上，还利用投屏、电子触摸屏等现代化技术，对乡贤组织框架、重点乡贤人物、助力乡村振兴成果等进行全方位展示，吸引县内外领导和嘉宾参观学习425批次近2万人，动员更多乡贤参与乡村振兴事业，不断凝聚起新川村跨越发展的强大动能。

三、丰富活动载体，助力社会公益

每年定期召开村乡贤大会，围绕新川村新农村建设、集体经济发展、民生事业建言献策，出资出智出力。2019年煤山镇新川村乡贤会成立大会上，新乡贤共捐献新川村美丽乡村建设资金累计1118.99万元，其中天能集团捐献500万元，企业家新乡贤张天任个人捐献100万元；2021年乡贤大会捐款523万元。近年来，广大乡贤助力美化、绿化、亮化等美丽乡村建设，如乡贤出资修建文化公园6个，兴建新川村文化礼堂、案例馆、诚信馆等多项公益设施，不断将新川村打造成全省美丽乡村的样板。广大乡贤还积极加入"和治理事会"，2022年度，乡贤参与解决矛盾纠纷10多起。

四、推动产业发展，致力共同富裕

在天能集团和张天任董事长引领、支持下，新乡贤纷纷在本地和外地创办企业，从事一二三产业生产和经营。目前新川村乡贤创办的各类市场主体达80个，其中天能集团支持发展的配套企业有30多家。各类市场主体的创办，带动了村民就业增收。据统计，目前全村在各类市场主体就业人员多达1831人。其中在天能集团务工、销售人员1100多人，在集团担任中层以上管理人员142名。2022年，村集体总收入885.48万元，较上年度增长5.8%。其中经营性收入180万元，较上年度增长23.3%。村民人均年收入突破15万元。

五、突出典型宣传，营造浓厚氛围

近年来，新川村积极营造"重贤、礼贤、学贤"浓厚氛围。2019年以来，在县级以上电视、报纸、网络、杂志、公众号等各类媒体上播出或刊登20多篇，乡贤助力乡村共同富裕的成果登上央视《新闻联播》，企业家张天任在2021年全国两会上针对乡贤工作的建议被中央、省、市媒体报道。同时，积极开展优秀乡贤评比表彰，2019年以来，表彰村级优秀乡贤66人，积极向上推荐乡贤人物评比，获县以上表彰优秀乡贤5人，其中新乡贤张天任获评"优秀中国特色社会主义事业建设者""湖州市能人乡贤""长兴县最美乡贤"等荣誉称号。

2020年11月21日，新川村举行新川村户主大会暨第二届乡贤大会。

> **长兴县煤山镇新川村乡贤参事会章程**
>
> **第一章 总则**
>
> **第一条** 本会名称：长兴县煤山镇新川村乡贤参事会(以下简称本会)。
>
> **第二条** 本会性质：本会是由本村建设热心人和支持和谐共建的各界人士组成的非营利的社会组织。
>
> **第三条** 本会宗旨："村事民议、村事民治"，协助推动群众参与基层社会治理，服务农村经济社会建设，"共建、共治、共享"美好幸福家园。遵守宪法、法律、法规和国家政策，践行社会主义核心价值观，遵守社会道德风尚。
>
> **第四条** 本会坚决拥护中国共产党的领导，执行党的路线、方针和政策，走中国特色社会组织发展之路，依照《中国共产党章程》有关规定建立党的组织，承担保证政治方向、团结凝聚群众、推动事业发展、建设先进文化、服务人才成长、加强自身建设等职责。
>
> 本会属于直接登记，登记管理机关是长兴县民政局，党建领导机关是中国共产党长兴县煤山镇委员会。本会接受登记业务主管单位(脱钩行业协会商会、直接登记社会团体为相关行业管理部门或党建领导机关)和登记管理机关的业务指导和监督管理。
>
> **第五条** 本会地址：长兴县煤山镇新川村楼下自然村1号。
>
> **第二章 业务范围**

（五）始终坚持共治共享的发展制度，厚植乡风，推动实现文化振兴

文化振兴是乡村振兴的"根"和"魂"。在全面推进乡村振兴中，文化是根基，没有文化振兴，乡村振兴就是空中楼阁。新川是从一个革命老区、贫穷山区和传统矿区蜕变而来，融合了农业文明、工业文明和生态文明，具有自身独特的文化内涵。新川村坚持共治共享的发展制度，坚持物质文明和精神文明一起抓，提升了村民的精神风貌，培育文明乡风、良好家风、淳朴民风，不断提高乡村社会的文明程度，繁荣兴盛农村文化，焕发乡风文明新气象。

一方面，新川共治之路，推动硬件和软件齐头并进。2019年，在打造美丽乡村精品村过程中，新川村投资575万元修建文化礼堂，礼堂面积约925平方米。文化礼堂既是村里大事议事的聚集地，又是村民群众文化的活动场所。此外，新川村建成了乡村振兴新川案例馆等公共文化设施。通过这些公共文化载体，充分增强了村民自信心，增加村民自豪感，更好地传承优秀的传统文化，促进乡风文明。同时，近年来，新川村充分发挥德治在社会治理中的基础性作用，尤其是以诚信村建设为载体，实施"一户一档全覆盖，红榜黑榜全登记，线上线下全公开"，推进乡村诚信体系建设，增强乡村自治和法治的道德底蕴，打造自治为本、法治为民、德治为根的"三治合一"乡村善治体系。比如，新川在打造诚信村建设时还注重与现代科技、管理相结合，每家每户有个文明诚信码，设置加减分项。起始分100分，每户在此基础上加减。正向加分项有志愿服务、好人好事、升学入伍等。负向减分项有违法违规、失信老赖、垃圾分类不到位等。让规范自觉内化于心、外化于行，既激发了村民自主参与的热情，又达到了村民自治的良好效果，进一步激活了每一户家庭的文明细胞，营造全村文明氛围。

专栏：新川"民约"11 条

为了传承好家风，激发村民向德向善、向好向美的内生动力，培育新时代文明新风。新川村在吸收好家训、好家规、好家风的基础上，制定了朗朗上口、易记好记的 11 条"民约"，作为每位村民自觉遵守的准则。这 11 条"民约"是：

村庄之约：和平村 是宝地 村庄美 民风淳 人称奇
新风之约：娶儿媳 嫁闺女 破旧俗 立新规 添美意
文明之约：敬先贤 护古迹 悟善言 明历史 思孝廉
家庭之约：敬老人 爱儿童 尊伦理 细教育 崇家风
邻里之约：睦邻里 重情义 互帮助 多关心 如兄弟
守法之约：立新风 树正气 勤学法 严律己 禁恶习
建房之约：建房屋 要审批 按规划 遵规定 是风景
发展之约：推改革 强动力 建品牌 重品质 讲诚信
人才之约：搭平台 强保障 近者悦 远者来 聚人心
环境之约：倒垃圾 不随意 砖瓦柴 摆整齐 讲卫生
生态之约：少农药 圈畜禽 爱玉河 护森林 重治理

如今，这些家训和民约所包含的优秀传统文化，像甘冽的山泉一样渗透进新川村的角角落落，与新时代文明实践一道，在新川村汇聚、涵养、生发、滋润。

另一方面，新川共享之路，实现养老和幼教全面覆盖。在乡贤和村民代表共同商议下，新川村投资 600 万元新建了设施齐全、环境温馨的"幸

福之家"。这个项目集居家养老、幸福邻里、农村儿童之家于一体，让真正有需要的老人不出村就能够享受到星级养老服务。为了让本村儿童享有和城市儿童一样的成长环境，新川村争取上级支持，斥资700多万元，对原幼儿园按照省一级幼儿园的标准进行升级改造，扩建后的园区总面积达7095平方米。此外，新川村还建起儿童之家，开辟有儿童图书室、影音室、游戏活动室等。正是由于新川村注重打造优异的教育环境，多年来，新川村儿童得以茁壮成长，一批又一批学子经过努力拼搏成为国家栋梁，并以实际行动回报家乡建设，为家乡增光添彩。基于长期以来对乡村振兴的思考，为了打造新川人的精神家园，留住村民共同的记忆和文化根脉，早在2019年，张天任就开始带领新川村一鼓作气兴建了乡村振兴新川案例馆、初心馆、诚信馆和文化礼堂等系列文化展馆。乡村振兴新川案例馆，坐落在村委会旁边，它和初心馆、诚信馆一样，都是由村里原先堆放工业垃圾的破旧老厂房改建而来的，于2019年11月建成开放，现如今为浙江省非国有民俗风情博物馆，也是煤山镇爱国主义教育示范基地。

专栏：新川村党员管理的五大制度

党的十八大以来，随着国家乡村振兴战略的全面实施，农村党建工作的内容和形式也发生了深刻的变化。为了提高各党支部建设水平，打造一支过硬的战斗堡垒，新川村党委抢抓机遇，坚持创新，始终不断加强党组织管理制度建设，出台了新川村党员管理的五大制度。

第一是党员教育管理制度：严格执行"三会一课"制度，定期召开支部党员大会、支部委员会、党小组会、按时上好党课。每月组织开展一次党员组织生活日活动，通过统一时间、统一形式、统一主题，推动"三会一课"等组织生活制度正常化、规范化。各党支部在做好活动文字记录的同时，依托"红色e家"党建云平台和微信群，及时将各支部的活动图片、视频上传备查，实现对党员教育管理的网络化、信息化。

第二是党员作用发挥制度：落实党员"联五包六"制度，联系五户群众，包干六项工作，具体是意见收集反馈、矛盾纠纷解决重大事项传达、违规事项劝阻、结对共建帮扶、惠民政策宣传。党支部班子成员做到"四必访"：群众有不满情绪必访、困难家庭必访、危重病人家庭必访、空巢老人家庭和留守儿童家庭必访。做到"联系不漏户、党群心连心"。不管大事小情，哪怕只涉及1户群众，党员干部都会到群众家里的小板凳上坐一坐，面对面听听他们的意见。

第三是党员义务劳动 1 小时制度：实施村干部和党员每天劳动 1 小时的硬性制度，强化党员干部分片包干。每天村干部带头打扫村内道路，捡拾垃圾，拉近与群众的距离，营造良好的生活环境，也对群众产生一种感染力、感召力，引导村民自发加入义务劳动的行列。

第四是党员身份证制度：针对新形势下党员队伍建设普遍存在的"党员流动难查找""关系转接难落实""双重管理难到位""权利行使难规范"等问题，推行党员身份证制度，依据现行党内年报统计分配的地方和基层党组织编码，为每名党员确定 18 位数的"党员身份号码"，采用智能 ID 卡技术，制作签发一张党员身份证。党员凭证刷卡就近就便向党组织报到登记、参加组织活动、实现考评管理，推动党员队伍从传统的基于组织关系隶属的单位人管理模式，向适应市场经济条件下的党员流动多样化、身份多重性的社会人管理模式转变，真正让流动党员感受到"流动不流失，离家不离党"。

第五是党员先锋指数考评制度：用星级评定和党员积分考核党员干部，切实增强党员的责任意识、服务意识和担当意识。村民议事会每个季度都会将每个党员和村级班子的先锋指数评价表发给村民代表，由村民打分。对平均分不及格的，党支部进行组织谈话，给予警告，三次考评不及格说明过不了群众这关，就不是合格党员了，并劝其退党。村民把这叫做"驾照式"扣分管理模式。

新川村的"五大制度"在执行上雷打不动，由此带来的党组织创造力、凝聚力和战斗力的大提升，党员作风的好变化，以及村庄治理和服务群众的高效率普遍而明显。

三、新川模式蕴涵的深层价值及深刻启示

新川之所以能够实现乡村振兴，最根本原因在于不断加强农村基层党组织的领导，坚持"发展依靠群众，发展为了群众"的初心理念，同时，"新川模式"的成功秘诀还在于完美融合了乡土文化和现代文明的思想价值，生动展现了艰苦奋斗和开拓创新的精神实质，准确把握了乡村振兴和共同富裕的时代特征，科学处理了环境保护和经济发展的辩证关系，正确找准了产业转型和提档升级的路径趋势，探索形成了村企共建和乡贤助力的平台制度。

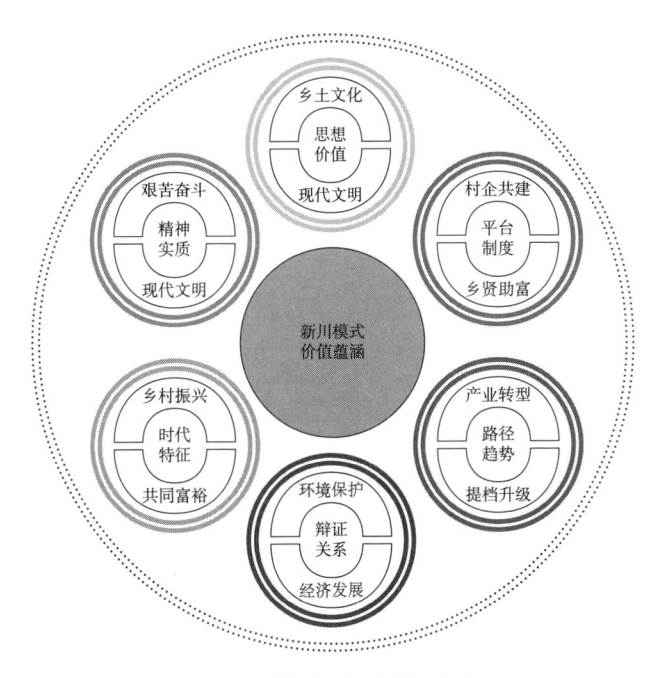

图2 新川模式的价值蕴涵

（一）完美融合了乡土文化和现代文明的思想价值

乡土文化与现代文明具有互补特征，现代文明是乡土文化的资源保障，为乡土文化发展"输血"；乡土文化是现代文明的精神归宿，为现代文明发展"塑根"。新时代的乡风文明既是优秀乡土文化和现代文明的有机结合，也是乡村与城市文化的深度融合，更是中华优秀文化与世界优秀文化的优势互补，强强联合。

一是新川村在乡村振兴实践中充分挖掘了乡土文化的传统底蕴和内在价值。乡土文化是乡村振兴的精神动力，是乡村稳定运行和健康可持续发展的重要根基。①利用好乡土文化的经济价值、艺术价值，新川村依托乌米饭、牛角粽、龙团子等地方美食以及竹制手工艺品等乡土文化特色，发展以乡土文化为载体的乡村特色旅游产业，有效助力村民增收。②利用好乡土文化的社会价值，弘扬乡村文明风尚，激发农民参与乡村治理、推动乡风文明建设的内在动力。③发挥好乡土文化的凝聚认同价值，用乡村传统文化凝聚广大村民，重振乡村精神，增强村民的归属感和认同感。乡贤文化作为新川村乡土文化的重要组成部分，为新川村的现代化发展作出巨大贡献。新川村以乡情唤乡贤，吸引广大乡贤返乡发展助力乡村振兴，充分彰显了乡土文化的凝聚认同价值。

二是新川村在经济发展过程中合理吸收了现代文明的先进理念和思想精华。现代文明是工商业文明、理性文明和竞争文明的有机融合。新川村的发展不仅建立在乡土文化的基础上，也是现代文明在乡村的培植和发育过程。新川乡镇企业的发展，以个体经济为主，以作坊或小工厂起步。但这种个体经济如何走向全国，迈向世界？这不得不让人想起新川人敢为天下先、敢吃天下苦、敢闯天下难的精神。这种精神在逆境中产生，在全球化和现代化的浪潮中孕育。从自主创业，到产业升级，再到锻造世界领先工业，新川村的成功离不开市场竞争环境下对商业文化和客观世界的理性认识。

三是乡土文化与现代文明交相辉映，为新川村全面推进乡村振兴与共同富裕注入了鲜活动力。新川村在乡村发展与建设过程中将乡土文化与现代文明有机融合，不仅保留了传统民俗、风俗等乡村文化特色，传承和发扬了尊老爱幼、团结互助、诚实守信等优秀传统文化，同时，在时代发展中把握关键机遇，积极顺应全球化发展大势，融入长三角区域一体化发展战略，把新发展理念贯穿乡村现代化发展全过程各领域，让乡村居民在村庄享受到现代城市文明的独特魅力。

专栏：张天任的文化振兴观

文化是乡村的魂，因此，对于乡村来说，文化振兴不可或缺。而要实现文化振兴，首先需要有合适的载体。

农村文化礼堂是丰富农民精神文化生活，巩固农村思想政治阵地的重要载体，建好管好用好农村文化礼堂，对巩固加强农村基层组织建设，深入实施乡村振兴战略，培育和弘扬社会主义核心价值观发挥了重要的作用。

浙江省自2013年启动农村文化礼堂建设以来，从无到有，由点到面，文化礼堂成为新农村建设的标配。农村文化礼堂受到了各地党委政府的高度重视，也得到了广大农民群众的热烈欢迎。但是，农村文化礼堂建设和使用过程中也存在着一些问题和薄弱环节：一是经费存在缺口。由于村级经济比较薄弱，资金主要来源于上级政府拨款，单靠专项补助资金只是杯水车薪。二是管理人才缺乏。乡镇文化干部大多身兼数职，精力有限，间接影响农村内部文化人才的培养。村级文化管理员大多年龄偏大、文化程度不高，对文化设施的管理力不从心。三是骨干文艺人才缺乏。农村居民参与文化活动和自办文化节目的积极性很高，但普遍存在缺乏专业文艺人才指导和年轻人参与的问题，文艺活动内容较为单一，层次有待提高。四是没有充分发挥文化礼堂作用。文化礼堂实现功能最大化尚需挖掘，在资源整合上留有空间，文化礼堂活动形式、活动特色上还有待于进一步丰富和创新。

为此，2020年，张天任在全国两会上提交了《关于进一步建好管好用好农村文化礼堂的建议》。他建议多方筹措，保证运行经费；挖掘形式，用好文化礼堂；建好队伍，提高管理水平。他表示，要大力开展教育类活动，把社会主义核心价值观等主流文化融入农民群众生活。塑造"人心向善，见贤思齐"的良好态势，使主流文化不仅上墙，而且入心；大力开展传承中华民族优良传统的礼仪类活动，潜移默化地营造崇礼尚德的社会风气；大力开展文娱体育类活动。2021年全国两会上，他再次就文化振兴提交建议。

在文件《关于继承创新优秀传统乡土文化 助力乡村振兴的建议》中，他表示乡土传统文化面临传承断档的危险，乡土文化活动的吸引力和平台建设、人才队伍建设有待加强，乡土传统文化在应用中创新性不足。针对上述问题，他建议加强挖掘与保护，筑牢乡土传统文化的根基和文脉；加强传承与创新，提升乡土文化的内涵和产品供给质量；加强平台建设，构建乡土文化多方参与的长效机制。"一方面，建立并完善乡土传统文化保护机制。加强相关立法，划定乡村建设的历史文化保护线，严惩破坏乡土文化的行为。另一方面，深入发掘优秀乡土文化遗产。支持有条件的村建立村史馆、农耕文化馆等，组织力量编著村史、村志，用地方文物和村志、村史馆等文化载体来反映厚重的乡村历史文化、打造乡村文化地标。"

张天任表示，要探索乡土文化多元投入模式，创新运行管理方式，引导更多社会、民间的力量参与乡村文化阵地建设管理和公共文化产品创作生产及供给，在人力、物力、精力上借力用力，充分发挥乡土文化专业人才、乡村文化能人、民间艺人和文化活动积极分子的作用，推动乡土文化日常管理运行从村干部力量"内循环"，逐步转向面向社会力量和民间力量的"大循环"，形成全社会共同参与的乡村文化建设管理氛围。

（二）生动展现了艰苦奋斗和开拓创新的精神实质

艰苦奋斗贵在奋斗，在于将艰苦的磨砺转化为奋斗的动力，依靠自己的力量，创造条件，迎难而上，开拓进取。创新是一个国家、一个民族发展进步的不竭动力，更是一个企业、一个组织突破自我，实现革新的必然过程。村庄的发展不仅需要埋头苦干，也需要抬头看路。

一是新川村的发展充分展现了新川人艰苦奋斗的创业精神。改革开放以后，拥有独特工业基因和创业精神的新川人把握历史机遇，因地制宜，大办企业，一家家社队企业白手起家，村里先后创办金属拉丝厂、金属冶炼厂、炼油厂、竹笋加工厂、服装厂、玻纤厂等20多家村办企业。1988年，时年26岁的张天任顶住压力，借款5000元承包了濒临倒闭的村办小厂——煤山第一蓄电池厂，开始充满荆棘的创业之路。张天任的成功深刻展现了新川人的艰苦奋斗精神。创业之初，张天任作为一名供销员，大部分时间都在全国各地跑市场。那时交通极不方便，需搭乘长途汽车到苏州或常州，再坐火车到河南、山西和内蒙古等地。正是这种艰苦奋斗、奋勇前行、锲而不舍的精神，锻造了天能集团的辉煌成就。

二是新川的蝶变极大彰显了新川人开拓创新的兴业精神。天能集团的成功离不开开拓创新。天能集团依靠科技转型升级，用高新技术、先进设备和先进工艺改造提升传统蓄电池产业，从数量、规模的扩张向高端、高质、高效转型，将一个村办电池厂逐步打造成跻身中国500强的新能源电池企业天能集团。新川村和天能集团搭建"村企共建"平台，将乡贤制度全面引入到乡村振兴当中，把现代股权基金模式引入集体经济组织制度，都深刻体现了新川人开拓创新的精神实质。

三是新川村以艰苦奋斗为创业底色，以开拓创新为发展动力，塑造了一幅新川人不忘初心、砥砺奋进的画卷。在面临各种困难和挑战的情况下，村民们没有退缩，而是克服困难、迎难而上、不断前进。新川人没有满足于过去的成绩，而是积极寻求新的发展机会和方式，不断探索新的产业和市场，保持村庄发展的不竭动力和竞争力。

> **专栏:"一链一圈"促进企业绿色增长**
>
> 天能集团通过构建"一链一圈"来促进企业绿色增长。
>
> "一链"是指绿色"智"造产业链,是从绿色产品、绿色车间、绿色工厂、绿色园区、绿色标准入手,借助互联网、大数据、云计算等手段,着力打造绿色"智"造产业链,引领产业向绿色、高端、智能方向发展。
>
> "一圈"是指构建行业内领先的循环经济生态圈,通过在全国各地的营销网点,将废旧电池分散回收、集中处置、无害化再生利用,形成闭环式的循环利用生态圈。
>
> "一链一圈"为行业的绿色发展和国家的生态文明建设提供了解决方案。正因为如此,天能集团成为践行生态文明理念发展的模范生。2016年12月2日,全国生态文明建设工作推进会议在湖州召开,并在天能集团召开现场会。

(三) 准确把握了乡村振兴和共同富裕的新时代特征及新使命

乡村振兴是共同富裕的必经之路,共同富裕是乡村振兴的终极目标。新时代的乡村振兴,是贯穿社会主义现代化国家建设全过程的全面振兴,不仅要处理好长期目标和短期目标的关系,而且要推动乡村经济、社会、文化、政治、生态文明等全方位的高质量建设。新时代的共同富裕是通过先富带后富,最终实现全民富裕,全面富裕。

一是新川村的乡村振兴准确把握了乡村振兴的新时代特征。新川村党总支部坚定"两山"发展理念,努力做到"又红又绿",通过大力发展绿色产业实现乡村振兴,在一批以天能集团为龙头的企业带动下,新能源电池产业、竹制品工业、茶叶种植业、精品民宿等特色产业发展起来,新川村走出了一条先富带后富,从而实现生态优、百姓富、环境美的绿色发展新路子。

二是新川村的共同富裕准确把握了共同富裕的时代特征。新川村坚持以人民为中心的发展思想,依托基层党组织引领,推动乡村富民产业发展,助力广大村民共同致富增收。在新川,精神文明建设覆盖了"幼、少、青、中、老"各个年龄阶层。幼儿阶段,实行普惠性幼儿园教育,形成生得起、养得好的育儿环境;少、青阶段,设立各种奖学金,鼓励莘莘学子勤勉求学,走向世界;重视成年教育和"金蓝领"职业技能提升,与北大、清华、浙大等高校合作，构建全面的职业技能培训体系。

致富路上，一个都不能少。新川村早在2006年就消除了家庭人均年收入低于4600元的绝对贫困情况，但每年仍有极小部分低收入农户（包括低保户、低保边缘户、支出型贫困户）因各方面原因还处于相对贫困状态。为加快建成高水平全面小康社会和共同富裕的村域典范，2017年以来，新川村围绕低收入农户增收致富这一重点，充分发挥党员干部的先锋模范作用，以"党员+产业+低收入农户"为抓手，实行"1对1""N对1"的帮扶措施，结对帮扶村里的低收入农户迈上致富路，实现每户人均年收入持续增收2万元以上。

三是新川村将乡村振兴与共同富裕融而为一，以产业强村，"做大"共同富裕的蛋糕，推行村企共建，"分好"共同富裕的蛋糕。通过发展产业，不仅为村庄创造了更多的就业机会，提高了居民收入，而且带动形成了新能源电池产业集群，进一步增强地方竞争力。推行村企共建和乡贤带富制度，实现了村庄和企业相互合作，实现了村内居民和村外居民的互惠互利。产业强村、村企共建、乡贤带富，将村庄内外、一二三产业融合在一起，塑造了新川村的中国式乡村现代化道路。

专栏：长三角"芥文化"发源地主题公园项目

在长兴县、煤山镇的大力支持下，2021年，新川村积极谋划全域文旅融合发展课题，紧锣密鼓地推进以"七个一"工程为主要内容的长三角芥文化发源地主题公园项目建设。项目计划投资6000万元，规划面积约800亩，对以村为中心的芥文化资源进行保护性开发，打造一批集文化旅游、文博非遗、研学交流、特色民宿、创客空间、康体养生、乡村养老、户外拓展、观光休闲、民俗风情等多种功能于一体的文化基因转化发展项目，包括"一条街、一绿道、一山谷、一组馆、一批站、一群云、一中心"等"七个一"工程，让芥文化切实可见、可感、可体验，打造芥文化基因创造性转化和创新性发展的文旅融合IP。

"一条街"，指的是开辟一条芥文化风情街。风情街坐落于新川经理部集镇中心区块。负责对新川经理部进行文化基因解码的新川村退休老干部胡洪法介绍，经理部的变迁史是芥里新旧社会变迁史和乡村振兴史的文化符号。

"一绿道"，指的是开辟芥里风情观光徒步山道。在已经开发的红色古道的基础上，连通芥里狮子山景区至水口乡圆峰岭景区的3.5千米的旅游绿道，修建从张坞到竹良庵高山梯田的约3千米长的观光山道，把芥里各旅游景点的山道和山镇百里红色古道连成一片，将煤山红色资源、红色文化和绿水青山、绿色资源融合在一起，形成全域旅游景区，使其成为红色旅游的打卡地。

"一山谷"，指的是以竹良庵高山农田为基底，打造总面积500余亩的竹良庵高山特色农业观光园和初心谷，还原芥里人朴实的农耕生活和抗日军民开展大生产运动的劳动场景，营造高山农田农作氛围。板块下设梯田造景、流沙河和水库美化、竹良庵农耕加工中心等特色休闲及观光型农业游览景点。

"一组馆"，指的是在乡村振兴新川案例馆、初心馆、诚信馆等文化展馆的基础上，再新增一座芥文化农耕博物馆。芥文化农耕博物馆利用竹良庵农耕板块农林设施用房改建而成，主要用于农耕及山林文化展示和农产品加工，利用集装箱改建，占地面积约250平方米。

"一批站"，指的是开辟一批红色古道服务驿站。由于新川村每年承办"百里红色古道越野登山赛"等赛事，团队及散客游逐步增加。为了提供更好的旅游产品服务及体验服务，开辟一批沿道的休憩驿站，驿站采用集装箱板房改建，设有水吧、休息区、移动厕所，并提供游客咨询服务、志愿服务、旅游商品展示等功能。

"一群云"，指的是开拓云上酒店、云上火车、云上漂流、云上探险、云上婚庆等，为新川村的旅游业注入新的业态。

"一中心"，指的是开辟芥文化创新中心。一是利用新川村废旧工业厂房改造百姓健身房、书吧、咖啡屋等设施，提升芥里文化和体育产业规格。二是利用新川村废旧工业厂房生活区改造芥博士专家楼，为芥博士提供创意交流智慧碰撞的场所。

文化如水，滋润万物悄然无声；芥字有形，承载文化丰润民心。长三角芥文化发源地主题公园的建成，将会全面提升"芥里人"精神层面上的获得感、幸福感，使每一个人"身有所栖、心有所寄"。在弘扬芥文化固有优势的同时，奋进的新川人将不断赋予和丰富其新的内涵，围绕"七个一"工程，以文塑旅、以旅彰文，全面促进乡村文化振兴，让芥文化基因赓续传承，绽放光彩。

（四）科学处理了环境保护和经济发展的辩证关系

经济发展与环境保护的矛盾关系历来是理论和实践上的难题。高速的经济发展，很难避开对环境的破坏，但是环境破坏会造成经济可持续发展动力不足，容易陷入环境库兹涅茨陷阱。但是，换个角度来看，经济发展和环境保护的目的是统一的，都是为了满足人民的美好生活需要；两者的内容也是统一的，经济发展与环境保护相辅相成，是可以相互转化的。新川村从21世纪初开始，就在生态保护和经济发展如何平衡的命题面前"上下求索"，走出了一条从粗放型发展向绿色高效发展转型的道路。

首先，发展初期的新川村也尝尽了环境污染的苦头。改革开放早期，由于过于强调和追求发展速度，新川像中国其他村庄一样，一度在生态环境上付出了沉重的代价。20世纪90年代，新川村内企业的发展一方面让村民"富得流油"，另一方面使生态环境遭到了严重破坏。进入21世纪，新川"村村点火，户户冒烟"，这种粗放型的发展方式遇到了严峻挑战。新川村所在的长兴县是中国动力电池之都，产业发展之初，有200多家电池厂，环保问题一度堪忧，污染触目惊心。2004年前后，当地政府开展整治，关停一批、淘汰一批、升级一批，只保留了1/3。当时，对于天能集团来说，一方面，电池生产制造过程中确实存在污染；另一方面，电池是生产生活必不可少的物品。经济发展与环境保护的矛盾怎么解决？外部环境倒逼企业转型升级。经过集团几番讨论之后，天能集团从公司高管到基层员工达成了共识，那就是生产经营必须把环境保护放在优先位置，要坚定不移走绿色发展、绿色增长道路，由粗放扩张转向高质量发展。后来，天能集团还形成了"一二四"工作体系，进行制度化规范。"一"即一条底线，环境保护是不可逾越的底线，对环保不合格的项目一票否决，坚决不允许上马。

其次，壮士断腕的决心是绿色转型发展的必备素养。近20年来，新川村在"绿水青山就是金山银山"的重要理念引领下，护好绿水青山、做大金山银山，步伐坚定而有力，新川发生了翻天覆地的变化，村庄更漂亮，村民更富有，村风更淳朴。2018年起，新川村累计投入数千万元，启动精品村创建工作，统筹落实道路硬化、路灯亮化、村庄绿化、污水洁化、垃圾分类等各项民生实事，打响了一场场"改善人居环境、建设美丽家园"的环境整治大会战，实施了景观公园、乡村振兴案例馆、文化大礼堂、幸福之家、供电通信便民设施等多项精品工程，全力打造美丽乡村升级版，实现百姓富、生态美的统一。2022年，新川村围绕"全域美丽、乡村振兴、共同富裕"的总体目标和要求，通过重点抓好美丽生态涧提升工程、特色农业富民工程、大悬线道路改造工程、邱坞龙池山公园改造民生工程"四大工程"，推动"美丽乡村"建设再上新台阶。

最后，科学处理环境保护和经济发展的辩证关系，将环境保护置于经济发展的首要位置，是可持续包容发展的必然要求。目前，绿色发展已然成为新川乡村振兴的最大特色，也是村庄可持续发展的不竭动力。2019年11月，为支持特色精品村建设、助力家乡振兴，在新川村首届乡贤大会暨美丽乡村建设汇报会上，回乡参会的乡贤代表和村民现场纷纷慷慨解囊、现场捐款，当天，新川村总计收到超过1100万元的认捐款项。新川村调动了广大村民、企业、乡贤等社会力量参与美丽乡村建设，全民重塑乡村颜值，齐心打造美丽家园，奏响了一曲"家园美颜齐出力，共建共享共美丽"的生态美村协奏曲。

专栏：一脚"踩刹车"，一脚"踩油门"

曾几何时，长兴县作为浙江省最后一批对外开放地区之一，慢了一拍的长兴人急于求发展，导致小煤矿、小石矿、小耐火、小水泥、小纺织及小蓄电池企业短时间内遍地开花，环境受到严重污染，被戴上了"环境保护重点监管区"的帽子。

2003年末，长兴县委、县政府召开了一个"不发展会议"。所谓"不发展"就是用铁腕一样的手段砍掉那些污染严重的企业。20世纪90年代的时候，新川几个自然村都有过工业致富的光辉历史，但企业的高速发展给生态环境带来了很大的破坏。对此，身为新川村的"领头雁"，张天任记忆犹新。当年村里溪涧流淌的水是浑浊的，散发着一股刺鼻难闻的气味。

现实逼迫新川"整好行装再出发"。2003—2005年，在"绿水青山就是金山银山"理念和"八八战略"指引下，新川村积极响应长兴县工业转型升级的要求，关停了那些小石矿、小耐火材料厂和小蓄电池厂。在这场升级战役中，张天任带头淘汰了天能的低端加工制造模式，不断推进产业改造升级、产品创新，积极发展绿色新能源产业。

然而，在新川的大批工厂被关停后，村级经济就像一个瘪了的皮球，只剩下一具空壳，不但没有财力投入到后续的生态修复中，而且让村内大批劳动力突然失业。关闭工厂，不仅是村集体经济自断财路，对于村民来说，也失去了一条谋生的门路。面对这样的现实，村民情绪和思想难免有剧烈的波动与反差，由此引发的村级治理矛盾层出不穷。在面临如此严峻困境的时候，2008年，张坞、楼下、涧下、邱坞合并为新川村，张天任被全体党员干部一致推选为"领头雁"。

接下来的路怎么走？如何重振新川企业雄风，为失去工作的村民创造再就业的机会，使村民的钱包重新鼓起来？产业振兴的"金鲤"和生态振兴的"熊掌"究竟如何兼得？"绿水青山"如何切切实实地转化为"金山银山"？一连串的问题摆在眼前，张天任陷入思考中。

思路决定出路。经过反复思考，在张天任心中，新川村的未来发展之路逐渐清晰起来：走"生态立村"之路，以转型驱动企业发展，以生态改善村民生活，坚定走企业转型、生活富裕、生态良好的文明发展道路。

为了达成共识，张天任组织村两委班子成员召开了多次统一思想的重要会议和各类村民大会小会，碰撞思想，集思广益。会上，张天任组织大家学习"八八战略""腾笼换鸟""凤凰涅槃"。

理念是行动的先导。通过多次学习讨论，最后，新川村两委成员和村民代表达成共识：发展工业经济不能对资源和生态环境竭泽而渔，保护生态环境也不是舍弃经济发展而缘木求鱼，二者不能割裂，更不能对立。新川未来的发展走向，必须坚持"一边'踩刹车'，一边'加油门'"的发展原则。第一，继续踩紧产业污染的"刹车"，只保留能够转型成为绿色工业的企业；第二，进一步加大产业富民的"油门"，加快产业结构调整。

（五）正确找准了产业转型和提档升级的路径趋势

产业发展中，先进淘汰落后是必然趋势。传统产业转型升级，不是简单的"低端产业"退出，既要从扩大增量的角度，大力发展新能源、新材料等战略性新兴产业，也要从优化存量的角度，充分运用高端化、绿色化、智能化技术装备对工业重点领域进行节能降碳改造。

首先，从长周期来看，新川村找准了产业转型的发展方向。2004年5月2日，时任浙江省委书记习近平来到天能集团视察，并勉励天能集团腾笼换鸟，努力向产业链、价值链高端攀升，从数量、规模的粗放扩张向高质、高效、集约转型。在习近平生态文明思想和"八八战略"指引下，新川村加快推进产业转型，积极优化调整产业结构，以宁可不要发展也要保护好环境的决心和壮士断腕的勇气，对低、小、散企业进行休克性整治，关停全部小石矿和部分耐火材料厂、铅蓄电池厂，大力发展绿色工业，不断增创发展新优势。2010年以来，在张天任的带领下，新川村谋划加快村庄产业"退二进三"，10年来，累计劝退、迁出、淘汰小散乱污企业10余家，如今剩下的企业都是有技术含量、有规模、有市场的好企业。

其次，从短周期来看，新川村把握住了产业提档升级的路径趋势。新川有序推进产业链提档升级。10多年来，天能集团率先依靠科技转型升级，用高新技术、先进设备和先进工艺改造提升传统蓄电池产业，从数量、规模的扩张向高端、高质、高效转型。新川村以天能集团为龙头，带动全村10多家配套企业和现代服务业协同发展，引领这些企业走科技含量高、资源消耗低、环境污染少的高质量发展道路，形成"天能制造，新川配套"的产业发展生态圈，实现新川村企业可持续发展，为天能配套的企业也纷纷通过技术改造、自主创新，在不同细分领域取得了行业领先的竞争优势。比如，坐落于煤山工业园的长兴长顺科技有限公司，主要生产电瓶塑料，作为天能配套企业，通过新材料研发，培育企业核心竞争力，已成为该细分领域的单打冠军。

新川村以足够的历史耐性和定力淘汰落后产能，推动产业"退二进三"，找准了村庄产业转型的发展方向。同时，也下足了产业提档升级的"绣花功夫"，以天能集团为核心，不断推动蓄电池产业的高端化、绿色化和智能化，保持了村庄可持续发展的源源动力。

专栏：绿色转型升级的点滴往事

改革开放后，新川乘着春风走上了"产业兴村"的路子，让"苦瓜村"开始呈现蓬勃生机，石棉瓦厂、金属冶炼厂、炼油厂、蓄电池厂、石料加工厂、竹笋加工厂等各类工厂企业如雨后春笋般兴起。然而这些企业大多以粗放型生产为主，产生造成的废水、废气、固体废弃物等污染物直接排放进小溪或扔弃在外。当时村民有一个形象的说法："白衣服晾出去，灰衣服收进来。"

2003年，随着环境的进一步恶化，村民们开始逐渐意识到问题的严重性，守住金山银山首先要先守好绿水青山。新川村开始加快推进工业转型升级，积极优化调整产业结构，对"低、小、散"企业进行"休克性"整治，坚定不移走起了绿色发展、绿色增长之路。

"1990年，我开了一家耐火材料厂，我这个厂的效益还是不错的。2003年，村里进行了环保整治，关停了很多有污染的厂，我的厂子就在关停名单上，当时我心里是千万个不愿意。"胡汉平说道，"厂子被关停，工厂20多口人靠啥养活？"

"那时候，张天任书记天天找我谈心，聊转型、聊绿色发展、聊绿水青山、聊不能给子孙后代留下光秃秃的山、发臭的水……后来，我就不停地想他说的这些话，慢慢地就想通了。我作为新川村的一分子，有责任有义务为下一代留下天蓝地绿水清的生活环境！"胡汉平说。

经过张天任书记的交心交谈后，胡汉平关停了耐火材料厂，转投产玻璃纤维隔膜。但转产后，生产玻璃纤维隔膜产生的大量废水，多次水质抽样监测都不合格的事，始终牵挂在胡汉平的心头。天气炎热时，厂区污水池散发出难闻气味，甚至有工人因为担心健康想要辞职。这些问题让胡汉平急在心里，摸不到方向。"企业靠粗放发展长久不了，只有绿色发展企业才有生命力。"张天任书记的这席话让胡汉平茅塞顿开。

胡汉平领着技术人员来到天能取经，学习水循环处理、资源化利用等管理经验，引进专家指导技术，又投入大量资金引进先进的污水处理设施，对各生产工序的废水进行全处理，实现了废水循环利用，终于解决了废水问题。

绿色可持续发展的方向走对了，企业转型升级后发展得比以前更好了。"现在工厂的生产用水全部实现了内循环，做到零排放，处理后的水拿来养鱼浇花都没问题。"胡汉平指向一旁的鱼池说，这两年，厂规模越来越大，厂区面积也增加了1/3。今年疫情期间，产值和利润不降反增。

（六）探索形成了村企共建和乡贤助富的平台制度

制度是降低协调成本、保持发展定力的必要手段。村庄作为最基层的组织单位，要形成一套完整、可操作性的制度体系，极其困难。新川村在村两委、乡贤和村民的集思广益之下，创造性地提出了村企共建和乡贤助富的平台制度，保障了新川村和天能集团，以及新川乡贤的包容性、持续性发展。关系型社会资本，以无形的状态存在于社会结构之中，表现为社会规范、信任、道德、价值观以及社会网络，村企共建和乡贤大会通过人与人之间的合作提高社会治理效率和社会整合程度。

首先，村企共建的制度体系是新川村成功发展的关键要素，也是"新川模式"的最大特色。村企共建从字面上很好理解，就是村庄和企业相互帮助，共同建设。如何来推动村企共建，就需要一套完善的制度体系来约束。2008年，新川村与天能集团签订《心连心结对协议》，约定天能集团努力为结对村解决劳动力就业问题；新川村及时为企业提供人力资源信息，实现村民"就业不离土、安居不离乡"。10多年来，天能集团不仅向村里捐款，还携手新川村开展经济、文化、环境等各方面的共建活动。公司很多中高层本身就是新川村民，因而两者之间的共建基本实现了无缝对接。村企共建形成制度后，新川村内有很多事务建设都通过天能集团协调。2008年1月28日，天能集团和新川村共同举办了村企共建新春联谊会。这是每年的常规动作，成为增进村企感情的桥梁和纽带，给企业和周边村庄搭建一个很好的联系沟通平台。

自1998年，天能与新川开展村企共建，通过引导村民就业，发展壮大村级经济，建起了一条条富民惠民的就业链和产业链，实现了企业与周边村庄、职工与村民之间共同发展、共同富裕。新川村劳动年龄段近70%的人直接或间接在天能实现就业创业，与天能配套的企业多达十几家，真正实现了龙头企业"一龙带百小"的引领效果。村子里亿万富翁有10多个，千万富翁有上百个，人均年收入在2020年达15万元，远远超过国内很多一线城市水平。村里还有200多户农户在全国各地从事新能源电池销售等绿色服务产业，既实现了个人创业梦想和全面小康梦想，还促进了当地经济社会事业发展，带动了全国上百万城乡居民实现高质量就业。

其次，乡贤助富的制度体系是新川村推动实现共同富裕的重要之举。乡村振兴首先要在乡村中引入现代文明，破除腐朽封建迷信的落后习俗和价值观，使现代文明在乡村振兴战略实施中发挥正能量的推进作用，从而保障乡村振兴战略实施的成功。"乡贤文化"本身是一种有着榜样力量的文化，"乡贤"作为乡村中先进生产力的代表，是崇德向善、致力于公益事业、弘扬社会主义核心价值观的践行者、先导者。2019年11月17日，新川村村民代表及乡贤代表共350人齐聚一堂，参加新川村首届乡贤大会，共商新川村发展大计。活动现场审议通过了《新川村乡贤会章程（草案）》和《新川村乡贤会选举办法（草案）》，并选举产生了首届新川村乡贤会会长、常务副会长、副会长、秘书长，张天任全票当选为新川村乡贤会会长。同时，新川村广泛动员天能退休员工加入村"和治理事会"、乡贤会，投身美丽乡村建设，参与乡村善治，为全村经济社会高质量发展建言献策。

最后，平台制度让村企共建和乡贤助富常态化。村企共建和乡贤助富的制度体系有效融合了村庄发展的外在动力和内在动力，从制度层面保障了发挥市场机制的决定性作用，保障了企业和村庄包容和谐持续发展。"村企共建"，涉及企业和农村集体经济组织两个市场主体，两者的有机结合需要共同利益来维系。"村企共建"常态化，要树立政府引导、企业主导、农民主体、双方自愿、市场运作意识，既要遵循新农村建设规律，又要遵循企业发展规律，开展民营企业与行政村之间的资源互动，优化信息、技术、管理、资金、劳力、土地等生产要素的配置，为企业成长创造更好的环境和条件，为地方培育支柱产业，实现村企互利共赢，努力形成有利于结对共建新农村的长效机制。另一方面，"乡贤助富"制度化，将村民自治制度和基层民主协商制度有效融入乡村振兴战略，推动新时代乡村治理的现代化。乡贤不同于传统意义上的族长，他们具有民主素养，身上散发着现代文明气息，致力于率先垂范、多做实事，以自己的言行感召村民，在村民中具有很高的威望，但从不居功自傲，更没有倚仗权势和实力干涉乡村治理事务，而是以平等的态度为人处世，与村民保持一种平等和谐的关系。新川村通过抓好体制机制建设，制定乡贤理事各类章程，推动"村事民议、村事民治"，协助推动群众参与基层社会治理，服务新川村共建共治共享发展。

专栏："三大工程"构筑乡村新图景

近几年，新川村深入实施"强村惠民"行动，大力发展数字化赋能工程、新乡贤带富工程、多业态经济工程"三大工程"，助力新川村共富之路。

一、数字化赋能工程

近年来，新川村大力推进数字乡村建设，让数字技术全面融入村民的生产、生活，助力乡村振兴。

"如何用数字化赋能文旅产业高质量发展一直是值得思索的问题，2021年新川村建设尜文化风情街旅游项目，加快布局5G网络、云等新基建，让5G逐步覆盖整个村子，提升乡村旅游数字化水平，形成'智慧旅游''数字文旅'等新型服务模式。"新川村党委书记、村民委员会主任张天任说。

不仅如此，新川村还积极探索以数字化赋能自治、法治、德治"三治"融合的乡村治理新模式，率先启用"未来乡村"数字平台，整合了党务村务、文明诚信、法律志愿服务、就业就医服务等，将所有信息公开到户，让村级事务在阳光下"晾晒"，数据成了跑腿员，真正帮助村民实现简单事项"最多跑一次"甚至是"足不出户""零次跑"，让老百姓享受到数字化带来的便捷生活。

二、新乡贤带富工程

乡贤不仅是家乡的一张金名片，更是新川村奋力描绘的乡村振兴新画卷。越来越多的新乡贤积极参与到家乡建设中来，在基层治理、乡风文明中发挥出了重要作用，许多在外的新乡贤通过各种途径把信息、项目、资金传回家乡，还有不少年轻人开始回乡创业，形成了推动乡村振兴的强大合力。

在天能集团与新川村开展村企共建 13 年以来，累计投入 8000 多万元，解决新川村及周边村民就业 6000 多名，带动广大村民勤劳致富奔小康。目前，新川村百万户超 600 户、千万户 30 户，村民年均收入超 15 万元，成为长兴县乡贤反哺、村企结对的典型示范。

三、多业态经济工程

在新川村里，有一块闲置了十几年的荒地得以重新"启用"，村民在荒地上种植了 200 亩的吊瓜，建立起乡村特色产业发展基地。

如何有效把村民的闲置资金变成活水，浇灌乡村特色产业，成为新川村两委班子思考的难题。

新川村成立了长兴新川股权投资合伙企业（有限公司），长兴新川文化旅游发展有限公司，长兴新川建设发展有限公司三家"强村公司"，创新性地引入现代股权基金模式。这种新模式不仅盘活了村民闲置的资金，还解决了村子发展过程中的资金问题，增加了村民的创富渠道，把新川村特色吊瓜变成了致富的"金瓜"。

近年来，新川村因地制宜，大力发展观光农业等特色农旅产业，推动农业与旅游、文化、康养、体育等富民产业、美丽经济的深度融合。此外，新川村还鼓励引导村民开办民宿，把绿水青山生态优势转化为产业优势、发展优势，夯实了新川村共同富裕的经济基础。

附录　媒体报道

围绕实现乡村人才振兴做好人才培养工作

——接受《中国劳动保障报》采访

记者：为进一步提高人社相关政策举措的精准性和实效性，还要做好哪些配套工作？

张琦：我认为要做好如下工作：一是协助扩宽育才途径。人社部门要协助扩宽育才途径，如开展定向师范生培养；实施农户、农技人员学历提升行动；鼓励职业院校开设乡村技术技能特色专业和特色班；鼓励引导农业企业等下沉智力资源；支持电商平台、协会开展电子商务师职业技能培训和认定；加强农村"两后生"技能培训；适当降低报考高职院校高素质农民、留守妇女文化素质测试录取门槛等。

二是创新渠道引才。人社部门可以搭建平台，推进实训基地建设，培育"头雁"项目和乡村工匠，吸引农民工、大学生、退伍军人等返乡入乡创业，助力乡村振兴人才队伍建设，促进共同富裕。

三是构建更高质量的社会保障体系。要逐步建立健全覆盖全民、统筹城乡、公平统一、安全规范、可持续的多层次社会保障体系。针对农村返乡创业就业人群，持续扩大社会保险覆盖面，稳步提升社会保险待遇水平，加快发展多支柱养老保险体系，努力推进工伤保险全覆盖，完善工伤补偿各项政策，探索解决新业态从业人员权益保障问题。

四是健全乡村人才振兴工作机制。乡村人才振兴涉及部门多、涵盖范围广，必须建立党委统一领导，人社部门、乡村振兴部门、教育部门等统筹协调、相互配合的工作机制，确保形成人才振兴工作合力。同时，作为乡村人才振兴的关键部门，应把乡村人才培育状况纳入人社部门工作目标责任制考核，完善考核指标，强化考核力度，充分发挥考核"指挥棒"作用，激励人社部门围绕实现乡村人才振兴做好人才培养工作。

（来源：《中国劳动保障报》 2022年12月13日）

农业强国建设之路，如何行稳致远？

——接受《光明日报》采访

全面推进乡村振兴、加快建设农业强国，是以习近平同志为核心的党中央着眼全面建成社会主义现代化强国作出的重要战略部署。近日，习近平总书记在中央农村工作会议上发表重要讲话，系统阐述建设农业强国、加快推进农业农村现代化、全面推进乡村振兴的一系列重大问题，为新征程上做好"三农"工作指明了前进方向。

今年是全面贯彻落实党的二十大精神的开局之年，做好"三农"工作意义重大。如何认识农业强国的深远意义，怎样建设农业强国？光明智库特邀专家学者就此对话。

既是全局支撑，也是关键环节

光明智库：强国必先强农，农强方能国强。农业强国在社会主义现代化全局中的地位是怎样的？

张琦：农业强国既是整个社会主义现代化的全局支撑，也是关键环节。首先，农业是强国之基，是关乎百姓饭碗和农民生计的基础性产业。只有把饭碗牢牢端在自己手中，稳住"三农"基础，才能在现代化强国之路上行稳致远。其次，加快建设农业强国是提高我国农业竞争力的必然要求。党的十八大以来，以习近平同志为核心的党中央始终坚持把解决好"三农"问题作为全党工作的重中之重，推动农业农村发展取得历史性成就。与此同时，我国农业农村仍然存在短板弱项，农业竞争力相较于发达国家而言仍有较大提升空间。

走具有中国特色的农业强国建设之路

光明智库：建设农业强国为何要体现中国特色？农业强国应该强在哪

些方面?

张琦：建设农业强国，必须实现供给保障强、科技装备强、经营体系强、产业韧性强和竞争能力强，特别是要依靠科技和改革"双轮驱动"。一方面，必须加快实现高水平农业科技自立自强，加强农业关键核心技术攻关，支持农业领域重大创新平台建设，强化农业科技人才队伍建设。另一方面，必须持续深化农村改革，巩固和完善农村基本经营制度，创新农业经营形式、经营主体等，为农业强国建设注入更强动力。

依靠自己力量"端牢饭碗"是关键

光明智库：保障粮食和重要农产品稳定安全供给始终是建设农业强国的头等大事。需要在哪些方面着力？

张琦：要依靠自己力量端牢饭碗。始终坚持以我为主、立足国内、确保产能、适度进口、科技支撑的粮食安全方针，深入实施"藏粮于地、藏粮于技"战略，持续提升粮食和重要农产品供给能力。健全种粮农民收益保障机制和主产区利益补偿机制，调动地方政府重农抓粮、农民务农种粮的积极性；同时，统筹利用国内国际两个市场、两种资源，掌握粮食进口的主动权，主动融入全球粮食供应链，推动大型农业企业走出去，深度参与国际农产品产业链分工，提高粮食国际供应链的安全性和稳定性。

解决加快农业强国建设的动力问题

光明智库：依靠科技和改革双轮驱动加快建设农业强国，应当如何做？

张琦：一方面，要持续推进农业科技创新，推动农业科技装备全领域突破。发挥新型举国体制优势，构建梯次分明、分工协作、适度竞争的农业科技创新体系，全面提升创新体系整体效能。另一方面，围绕重点领域和关键环节，深入推进农村改革和制度创新，将强化集体所有制根基、保障和实现农民集体成员权利同激活资源要素相统一，破除妨碍城乡要素平等交换、双向流动的制度壁垒，激发农业农村发展潜力。

坚持系统观念，高质量全面推进乡村振兴

光明智库：全面推进乡村振兴是新时代建设农业强国的重要任务。如

何全面推进产业、人才、文化、生态、组织"五个振兴"？

张琦：全面推进乡村振兴必须坚持系统观念。要坚持和加强党对"三农"工作的全面领导，确保乡村振兴高质量有效推进。同时，必须把保障粮食安全放在重要战略地位，牢牢守住粮食安全底线；必须坚持广大农民主体地位，维护好农民的根本利益；必须扎实稳妥推进乡村建设行动，建设宜居宜业和美乡村；必须用好深化改革这一法宝，充分激发农业农村发展潜力。

以人才引擎助力农业强国建设

光明智库：如何打造一支政治过硬、适应新时代要求、具有符合农业强国建设要求的"三农"干部队伍，用好用足各类人才？

张琦：首先，完善"三农"干部队伍选拔任用机制。坚持德才兼备、任人唯贤，健全培养选拔优秀年轻干部常态化工作机制，把"懂农业、爱农村、爱农民"的优秀年轻干部及时发现出来、科学培育起来、合理使用起来。其次，建立健全"三农"干部队伍培训学习机制，不断提高干部队伍综合素质。最后，建立健全乡村振兴责任制，引导干部队伍树立强烈的责任意识，形成能者上、优者奖、庸者下、劣者汰的良好局面。

（来源：《光明日报》 2023年1月19日）

新思想夯实大国粮仓

——接受《焦点访谈》采访

"14亿人口要吃饭,这是中国最大的国情。"党的十八大以来,习近平总书记四次出席中央农村工作会议,对"三农"工作和粮食生产、粮食安全做出一系列重要指示。2023年,我国启动新一轮千亿斤粮食产能提升行动。

2023年3月2日,张琦教授在接受央视一套《焦点访谈》采访时说:"如何来保障18亿亩耕地红线,实际上面临一些很大的困难,因为我们人多地少。那么如何在我们保证粮食总产量不减的情况下,又实现农民自身的效益、农业的效益提升和提高。与此同时,我们的工业化发展,城市化发展,也同样需要土地,耕地可能会受到减少。所以说防止非农化、非耕化这样的任务,也是非常艰巨的。"

张琦特别说道:"总书记也特别关心和强调,从以前的基本农田到永久农田,到高标准农田这样的部署,通过一些技术改造或者土地整理,使它的亩产产能得到了提升和提高,防止灾害风险的能力得到提升提高。"

"也正是总书记提出对种业的重视,使种业的发展、种业的振兴,得到了很好的提升和提高,保证我们的饭碗永远装的是中国的粮。"

最后他说道:"我们如何在高质量的发展和阶段当中,保持农业基本盘能够稳住。我们未来也同样要坚持习近平新时代中国特色社会主义思想,把粮食安全作为推动中国式现代化的一个根基,也为我们实现第二个百年奋斗目标奠定雄厚的基础。"

(来源:央视网　2023年3月2日)

商业资本下乡后如何发挥好作用

——接受央广网采访

近年来,随着乡村振兴战略全面实施,各地农业农村建设步伐加快、建设成果显著。如何更好地推进乡村振兴,成了近年来的一个热点话题。在今年全国两会上,就有全国政协委员围绕乡村振兴中的资本下乡问题建言献策,建议进一步规范资本下乡等行为,让资本更好参与到乡村产业发展中。就相关问题,央广网记者专访北京师范大学中国乡村振兴与发展研究中心主任张琦,进行深入解读。

央广网:商业资本下乡,会给乡村发展带来哪些积极作用?

张琦:商业资本下乡有三个方面的积极作用。一是带动农户增收致富。商业资本下乡为返乡人员提供创业平台,为农民提供在家门口就业的机会,让农民找到了一条稳定增收、长效致富之路。二是有助于培育新型农业经营主体。资本下乡加快了新型农业经营主体的培育,形成以农户家庭经营为基础、合作与联合为纽带、社会化服务为支撑的现代农业经营体系,这对推进农业供给侧结构性改革、引领农业适度规模经营发展具有十分重要的意义。三是促进农村一、二、三产业融合发展。商业资本下乡为加快转变农业发展方式、探索中国特色农业现代化道路提供了资金支持,有利于延伸农业产业链、拓展农业多种功能、发展农业新型业态。

央广网:从你的调研来看,商业资本进乡的动力一般是什么?

张琦:我在湖南某地调研时,就遇到一个当地的企业老板。他曾经在广东做销售橙子的生意,后来看到老家农村的发展机会,就回到老家开办企业,投资橙子种植。他不仅承包了上千亩地种橙子,还帮助老乡们销售橙子,既实现了资本的增收,又带动了农户增收。这是一个很典型的资本下乡的例子。目前很多农村的投资者长期在外经商或工作,看到家乡或农业发展的机遇,就返乡投资农业。所以我们看到,吸引资本下乡的因素,有投资者的家乡情怀，也有今天农村发展的机会和潜力。

今天，我国正加快农业农村发展步伐，各级政府出台了许多政策、采取了很多措施，积极建设现代化乡村，这为商业资本提供了良好的发展机会。商业资本下乡后，可以投资乡村产业，也可以参与农产品仓储保鲜、冷链物流、高标准农田、农村污水处理等有一定收益的基础设施建设，还能发展乡村教育、养老、旅游、电商消费等服务业。这么多的投资点决定了乡村依然是商业资本投资的潜力所在。此外，农村地区的土地和劳动力成本相对较低，商业资本可以利用这一优势降低生产成本，提高利润。

央广网：乡村发展引入多少资本，规模经营要做多大，一般要考虑哪些因素？

张琦：从目前的情况来看，总体上，乡村发展依然缺少资本，尤其是欠发达地区。乡村规模经营多大才合适，要因地制宜，综合考虑地理特征、产业类型、劳动力等情况。比如，我国东北等种植水稻作物的地区，大多利用机械化作业，其规模可以较大。但对一些种植蔬菜、水果等作物的农村来说，其规模不宜过大。因为蔬菜、水果等产业是劳动密集型的产业，过大规模种植可能会降低生产效率。

还有一点需要特别注意，规模经营搞多大，要考虑当地农村人口的流动情况。我们的传统农业生产模式是小农经济，主要利用劳动力富裕的优势。而资本是要实现利益最大化的，这就需要提高资本密集程度，降低对劳动力的使用。规模越大，越有利于资本下乡。在一些空心化问题突出的农村，农田闲置率较高，那么就适合通过土地流转等方式逐步扩大规模经营。这既能提高资本的利润，也能促进农户增收。但在一些劳动力本就剩余的农村，如果大搞规模经营却分配不当，那可能导致资本过早替代劳动力，非但不能让农民受益，还会损害农民利益。所以，我们强调要"适度规模经营"，"适度"非常重要，要因地制宜，要让资本、资源、劳动力的配置关系更加协调。

央广网：怎么样才能让资本更好地助力"三农"发展？

张琦：一要做好市场监督管理，禁止商业资本下乡后以发展特色小镇、乡村旅游、休闲农业等名义跑马圈地，变相搞房地产开发；同时，也要警惕一些商业资本下乡只是为了骗取、套取政府的补贴资金。

二要讲合作、谋共赢。各地政府要尊重社会资本作为市场主体的盈利诉求，用看得见的发展前景、可行的商业模式、长期稳定的合理回报，吸引社会资本。同时，商业资本要多办农民"办不了、办不好、办了不划算"的产业，多办链条长、农民参与度高、受益面广、能够帮农带农的产业。

三要有信心、谋长远，抓住乡村振兴的机遇，树立长期投资的理念。要看到，投资农业农村很难一夜暴富，但会得到长期稳定的回报。社会资本要从农业农村发展的实际和需要出发，抓住乡村振兴的机遇，树立长期投资的理念，扎根农村、深耕农业、共同发展。

（来源：央广网　2023年3月11日）

建设回得去的家乡　书写看得见的未来

——接受《中国劳动保障报》采访

民生发展助推乡村振兴

记者：在乡村振兴的历史进程中，就业、社保等民生领域建设将发挥怎样的作用？

张琦：乡村振兴，关键在人。无论是广大农民群众，还是农业的生产经营者、管理者和科技工作者，都是农业农村发展的主体。民生发展对于提升乡村发展的人力资本，更好地调动各类主体的积极性、主动性和创造性，促进农业农村现代化具有基础性作用。

要想留住人、吸引人，就必须坚持就业优先的原则。实施积极的就业政策，营造良好的就业环境，大力发展新产业、新业态，创造提供更多就业岗位，实现乡村劳动力的充分就业，由此聚合更多的人才投身农业、发展农村，形成农民工返乡创业、资本下乡的新局面。

如果说良好的就业环境是乡村振兴的充分条件，那么完善的社会保障必定是乡村振兴的必要条件。第一，加强农村社会保障能保证农民的最基本生活，及时有效地帮扶救助困难人群，从而进一步巩固脱贫攻坚成果，为乡村振兴打下更加扎实的基础。第二，社会保障能实现收入的再分配，有效调节社会分配不均，实现社会公平。第三，加强农村社会保障领域建设能够降低农民群众承受的风险，从而扩大农民的消费需求，为农村产业发展提供市场。第四，教育、医疗、养老等社会保障领域的民生建设能够有效提高农村人口生活幸福感，有助于留住人才、吸引人才。

农村就业社保工作成效显著

记者：在目前推进乡村振兴的过程中，农村总体就业环境如何？农村居民社会保障取得了哪些成就？

张琦：最近几年，农民工回流现象日益显现，且呈现出新特征，其更倾向于永久返乡而不是暂时回乡。这一方面是受疫情散发、国内经济下行的影响，使得城市部分行业特别是接触性服务业用工需求下降；另一方面，随着乡村振兴的逐步推进，农村在基础设施建设、新产业新业态培育、基本公共服务等方面都得到了较大提高，农村总体就业环境得到较大改善。许多外出务工人员已经选择了"离土不离乡"，在本地找到了合适的就业岗位。

大量外出务工人员回流一方面得益于农村总体就业环境的改善，另一方面也受益于近年来农村居民社会保障的快速发展。为了更好地巩固脱贫成果、进一步衔接乡村振兴，国家出台了衔接政策，其中很大一部分项目与农村居民社会保障有关。各地出台了保障性政策，确保了常态化的社会保障。各项农村居民社会保障制度的覆盖范围迅速扩大。不断提高农村社会保障标准，更好地保障了农村居民的基本生活需要。各级财政持续加大对农村社会保障的投入力度，特别是乡村振兴实施以来，中央和地方财政在安排预算时，都把农村社会保障作为改善民生的重点领域予以倾斜，各级财政安排的农村社会保障补助支出大幅增加。

营造良好农村就业环境

记者：在一些农村地区，就业环境建设还面临哪些困难和挑战？产生这些困难和挑战的原因有哪些？

张琦：在一些农村地区，特别是在脱贫地区的农村，就业环境建设仍然面临诸多困难与挑战。

一是信息较为闭塞，获取就业信息的渠道较为单一。一些村干部学习新知识的能力不够强，受限于文化程度和年龄因素，对于许多政策措施不能够及时理解，无法及时向广大村民进行宣传。

二是产业发展较为落后。许多脱贫地区的产业基础较为薄弱，主要依靠帮扶的传统产业，培育发展新产业新业态困难较大，从而无力创造更多的就业岗位。

三是就业后续保障不足。虽然随着新型城镇化的不断推进，政府部门加大了对农村劳动力的保障，城乡差距有所缩小。但是，就业保障意识、户籍制度、工作种类等诸多问题，导致在就业后续保障机制建设上仍存在一定差距。

产生这些困难和挑战的原因主要包括以下几方面：

第一，"数字鸿沟"仍然存在。我国仍有相当一部分农村人口无法通过上网获取就业信息，也无法及时了解地方上的就业帮扶政策，这就导致这部分人群就业概率大大降低。此外，部分地区数字乡村建设进展较慢，数字经济、技术红利还未引致乡村传统产业的改造升级，乡村新产业新业态发展缓慢，从而难以创造更多的就业岗位。第二，地方财力有限，在就业保障体制上投入不足。第三，农村教育、医疗等基本公共服务较为落后。在我国刚脱贫的农村地区，教育、医疗等基本公共服务相较于以往有了很大提高，但相比于城市或发达省份的农村地区仍然相对落后。

记者：如何为农村人口营造更加优质的就业环境？

张琦：就业环境涵盖内容广、影响因素多，因此，营造更为优质的农村就业环境是一项系统性的工程，需要从产业发展、信息要素流通、保障体系支撑和技能培训等多方面入手，综合施策。

一是发展产业、支持创业，为农村人口创造更多合适的就业岗位。持续拓宽产业结构稳定就业，打造从"农田到餐桌"的全产业链，把就业机会尽可能留在农村、留给农民。发展培育新产业新业态，促进乡村生态、文化、休闲旅游、电子商务等新业态发展，创造更多的就业机会。深入实施农村创业创新带头人培育行动，落实创业扶持政策，建设一批返乡入乡创业园、农村创业孵化实训基地，推进创业服务"一站式"办理，以创业带动就业。在乡村建设重大项目上，依照"应用尽用、能用尽用"的原则，因地制宜，采用"以工代赈"的方式，吸纳更多返乡农民工参与建设，让他们在家门口就业增收。

二是打通农村人口就业市场信息交流渠道。各地应充分利用信息化、网络化技术为农村人口搭建线上就业信息平台，通过微信群、政府网站和官方公众号推送等手段，为农村人口提供及时、可靠、全面的就业信息。线下除了为农村人口组织就业招聘会，还应充分发挥基层组织力量，通过不同渠道搜集招聘岗位信息，有针对性地为农村人口协调联系用工企业，帮助其就业上岗。

三是完善就业保障支撑体系，为返乡农村劳动力就业免去后顾之忧。要建立农村劳动力的就业社会保障机制，健全农村劳动力的社会保障体系，在户籍办理、工商税务、创业扶持、科研服务、子女入学、社会保险、异地就医、工伤保险、生活服务等方面提供一系列人才保障的硬支撑。另一方面，也要为返乡农村劳动力提供更多人文关怀，建立乡贤交流平台，积极听取乡贤对于乡村建设和乡村发展等方面的意见，持续营造尊才、爱才、惜才、敬才的浓厚氛围和真心留才的软环境。

四是大力推进农村人口就业培训，提升就业竞争力。实现农民工高质量就业，离不开优质的就业创业环境，也离不开农民工良好的自身素质。不少地方探索"农民点单、政府买单"的培训形式，受到广大农民工的欢迎。今后要统筹好城乡就业政策体系，精准开展"菜单式"培训和定向定岗培训，提升农民工职业技能，让越来越多的农民工端上"金饭碗"。

完善农村社会保障体系建设

记者：农村社会保障体系建设还存在哪些不足？

张琦：在我们去到乡村地区调研的过程中，可以明显地感受到农村社会保障体系得到了很大改善，但与此同时，我们也发现相比于城市更为健全的社会保障体系，农村地区的社会保障体系还存在很多亟待解决的问题。

一是保障水平较低。目前，我国通过脱贫攻坚以及乡村振兴，实现了农村社会保障体系的逐步健全。但各项农村社会保障项目保障水平仍然较低。农村养老的服务设施、服务人才等方面的公共资源也明显落后于城市。

二是保障管理较为混乱。我国农村社会保障的现状是城乡分割、条块分割、多头管理、各自为政，出现"多龙治水"的局面。由于各部门、各单位的地位和利益关系不同，必然引起矛盾，造成管理体制的混乱。

三是保障投入相对不足。资金是推进农村社会保障体系建设的核心问题。2021年，我国政府财政用于社会保障的金额占中央财政总支出的比例为13.7%，且绝大部分给了城镇居民，农村居民所享受到的份额较小。

此外，我国农村社会养老保险采取由农民个人和集体缴费的方式。由于农民收入水平低，自身的个人缴费能力有限，不少农民选择低档次投保，这大大削弱了农村社会保险的保障功能。

记者：针对目前农村社会保障体系建设存在的问题，未来该如何完善？

张琦：对于我国目前在农村社会保障体系方面存在的问题，建议可以从以下几方面进行完善。

第一，加强制度设计，加快实现社会保障的均等化。加强农村社会保障的覆盖程度，重点要考虑农民工群体和低收入群体，使社会保障网不留空白、不存漏洞。提升农村社会保障水平，针对目前城乡差距大、农村人口深切关注的养老金等一系列问题，持续提高保障标准，缩小城乡保障水平上的差距。

第二，完善管理体制，提高农村社会保障的管理效率和服务水平。要消除农村社会保障"多龙治水"、条块分割的状态，对社会保障的各个部门和具体方面进行有效的协调和管理。要针对不同的农村社会保障项目，完善相应的管理制度，明确不同的管理内容和重点，并尽量保证管理秩序的规范化。

第三，增加资金投入，提高农村社会保障普惠化程度。围绕城乡基本公共服务均等化的核心目标，逐步统筹城乡社会保障体系，弥补农村基本公共服务短板，在经济和财力可持续增长的基础上，逐步提高政府财政对于农村社会保障的投入力度，同时充分利用社会力量，多渠道募集农村社会保障资金，持续完善普惠型农村社会保障体系。

(来源：《中国劳动保障报》 2023年5月5日)

第三届"一带一路"国际合作高峰论坛成果

——做客中央电视台新闻频道"携手向未来"特别节目

2023年10月17日至18日,第三届"一带一路"国际合作高峰论坛在北京举行。此次高峰论坛的主题是"高质量共建'一带一路',携手实现共同发展繁荣"。

10月17日,张琦教授受邀做客中央电视CCTV-13新闻频道"携手向未来"特别节目,现场点评第三届"一带一路"国际合作高峰论坛成果。

问:让我们看到中国在帮助共建"一带一路"国家消除贫困的方面不断分享自己的经验,这是不是也来源于我们打赢脱贫攻坚战的经验?

张琦:是的,菌草这一技术在国外的应用,实际上也反映出中国在扶贫脱贫过程当中的很多经验,其中像我们说的产业扶贫、绿色减贫和生态脱贫,就是非常重要的开发式扶贫的非常好的经验。菌草虽然小,但有多种功能,起到多种服务的效果,所以菌草服务扶贫脱贫,也是产业扶贫和生态脱贫非常重要的方式。我们看到,菌草用于食用菌和药用菌,有利于产业的发展。同时它还用于饲料和药用,也就是肥料,这可以促进种植业和畜牧业的发展,使当地农民获得真正的收益。与此同时,菌草还有一个非常大的好处,就是生态效应,也就是在水土保持以及防沙保沙方面有非常大的作用。它能够使我们当地的环境,也就是水、热、光资源能够得到综合利用。这种方式通过生态、通过绿色来带动,使扶贫脱贫获得经济效益。

问:我们把自身的发展经验以及发展机遇,这么无私地跟其他国家共享,是不是也能看出中国推动构建人类命运共同体的决心和信心?

张琦：是的，将自身扶贫脱贫的经验和机遇带到共建"一带一路"国家分享，是中国建设没有贫困的人类命运共同体的真正体现，是贡献中国方案和智慧的生动实践，也是我们国家与其他国家尤其是共建"一带一路"国家，在减贫与发展合作中的一个成功案例。菌草在100多个国家都开始被广泛应用，使当地的农民得到就业，产业获得了发展，同时，也使生态保护成为一种可持续的发展。所以，这种技术的应用受到当地民众的热烈欢迎，当地民众有时候将这种来自中国的小草称为"幸福草"。中国和其他国家有很多农业方面的合作，菌草是其中一类，还有水稻、玉米等，都在合作中应用了中国的经验和做法。这充分说明了中国愿意与其他国家携手共进，推动构建人类命运共同体。

问：刚刚的几个小故事里面有京剧艺术、有技术、有医术、有互相帮助，这只是我们与共建国家交往中几件较为普通的事，却切实拉近了距离。我们常说，实现政策、道路、贸易和货币领域的合作，离不开民心相通。那么张教授，为什么民心相通是共建"一带一路"的社会根基？

张琦：我是这样认为的，民心相通就是要弘扬和传承我们丝绸之路友好合作的精神，通过文化、人才以及各方面的交流使我们民心相通。当然，民心相通的前提条件或者说非常重要的关键就是我们要相互信任，信任来自真诚、来自平等、来自尊重。一是真诚，我们跟共建"一带一路"国家之间的合作是真诚的，是真实的，是确确实实能带来利益和效益的，比如说给人民带来收益，给经济带来增长，从而使经济发展能够持续地向前推进。二是平等，中国和共建"一带一路"国家之间的交流是公平、公正的，是相互帮助、相互支持、相互关心的。三是尊重，要尊重各国的思想观念、文化传统以及行为习惯。在推进共建"一带一路"过程中，只有民心相通，才能使民心更相连，才能使民意更亲切，才能使民情更畅通。所以说民心相通使共建"一带一路"行稳致远。

问：作为"一带一路"上的技术驿站，鲁班工坊的作用令人赞叹，甚至可以说是我们民心相通的典范，作为老师，您怎么看？

张琦：在共建"一带一路"过程中，鲁班工坊是一个非常重要的形式，起到了非常大的作用。其原因我觉得有三个方面，第一，鲁班工坊从学历教育和职业教育两个方面为年轻人提供了非常好的技术、技能提高机会，促进了更好的就业，增加收益。第二，技术、技能提高，为当地的技术现代化水平提高创造了非常好的机遇。第三，提供技术交流平台，中国的专家以及技术人员通过到共建国家，通过技术的培训，拥有更多合作和交流机会。

（来源：中央电视台新闻频道　2023年10月17日）

保障粮食安全

——接受中央电视台新闻频道采访

主持人：2023年全国粮食总产量再创新高，连续9年超过了1.3万亿斤，最新的粮食数据都说明了什么？在未来我们要如何继续保障粮食安全，将中国人的饭碗牢牢端在自己手中？

张琦：2023年，在我国粮食生产面临多种不利因素条件下，依然实现了全年粮食产量再创历史新高，并连续9年稳定在1.3万亿斤以上。这充分说明了我国有能力应对各种风险挑战，有能力依靠自己的力量端牢饭碗，并牢牢地守住粮食安全的底线。粮食总产量再创新高，也充分说明了我国粮食安全战略得到了进一步的巩固和落实。尤其是耕地保护成效不断扩大，粮食播种面积进一步增加，以及在高标准农田建设和农业现代化发展中实施的新一轮千亿斤粮食产能提升行动效果明显，全方位地夯实了粮食安全的根基，保障了粮食单产进一步增加，粮食生产效率稳步提高。同时国家通过多种措施来积极地调动和提高了农民种粮的积极性。

那么未来我们要如何继续地保障粮食安全，将中国人的饭碗牢牢端在自己手里呢？我理解应该从三个方面入手。

一是以耕地保护主动性赢得粮食安全主动权，牢牢守住18亿亩耕地保护红线，筑牢粮食安全压舱石。

二是以种业振兴提升粮食安全屏障，加快打好种业翻身仗，建设粮食安全的推进器。种子是农业的"芯片"，是农业现代化的基础。我们要保持水稻、小麦等优势品种竞争力，缩小玉米、大豆等品种与国际先进水平差距，加快少数依赖型品种选育。

三是以农业生产现代化实现粮食安全的现代化，加快转变农业发展方式，提升粮食生产效率。农业现代化经营是粮食安全的"翅膀"。我们应当积极推进农业供给侧结构性改革。发挥自身优势，抓住粮食这个核心竞争力，延伸粮食产业链、提升价值链、打造供应链，不断提高农业质量效益和竞争力，实现粮食安全和现代高效农业相统一。

（来源：中央电视台新闻频道　2023年12月11日）

如何实施新一轮千亿斤粮食产能提升行动

——接受央广网采访

近日召开的中央农村工作会议为建设农业强国指明了方向、提供了"路线图"。会议强调,保障粮食和重要农产品稳定安全供给始终是建设农业强国的头等大事。要实施新一轮千亿斤粮食产能提升行动,抓紧制定实施方案。

当前我国粮食产能如何?怎样进一步提升产能?就相关问题,央广网记者采访了北京师范大学中国乡村振兴与发展研究中心主任张琦。

央广网:2022年我国粮食总产量为1.37万亿斤,比2021年增产74亿斤,增长0.5%,粮食产量连续8年稳定在1.3万亿斤以上。结合当前国内外形势,我们如何看待这样一个总产量?

张琦:今年可以说是一个丰收年,我国完成这样一个粮食总产量是很不容易的。从国际环境来看,当前全球粮食生产能力不断削弱,国际粮食价格大幅波动,全球粮食安全风险加剧。国内方面,受南方持续高温干旱、新冠疫情等因素交织影响,今年我国粮食生产面临诸多挑战。但我们还是克服了困难,实现全年粮食产量保持在1.3万亿斤以上,依靠自己的力量端牢饭碗,为保障农业强国建设提供了有力支撑,为应对国内外风险挑战夯实了粮食根基。

但我们也要看到,尽管我国粮食人均占有量已经高于国际公认的400公斤粮食安全线,但是粮食生产仍面临总量不足、结构失衡等问题,粮食需求也将随着经济增长、人口增加、生活水平提高而保持刚性上涨。因此,当前我国每年1.3万亿斤以上的粮食总产量仍有巩固基础之必要,更有进一步再提升、再提高的迫切性。

央广网:自2015年突破1.3万亿斤以来,我国粮食年总产量已连续8年保持在1.3万亿斤以上。今年的中央农村工作会议提出,我国要实施新一轮千亿斤粮食产能提升行动。向这个目标努力，当前我们具备哪些条件？

张琦：党的十八大以来，我国农业现代化建设取得长足发展，已经具备了由农业大国向农业强国迈进的基本条件。实施新一轮千亿斤粮食产能提升行动是我国从农业大国向农业强国转型的必然之举。

目前，我国已经成功打造出一套行之有效确保粮食产能的政策体系和工作机制。一是"两藏"，即深入实施"藏粮于地、藏粮于技"战略，紧紧抓住种子和耕地两个要害，持续夯实粮食产能基础。二是"两辅"，即构建"辅之以利、辅之以义"保障机制，调动地方政府重农抓粮和农民务农种粮两个积极性。三是"两化"，即推进服务社会化和生产机械化，促进节本增效、提质增效。这三项举措既是粮食生产政策体系和工作措施的"四梁八柱"，也是保障粮食产能稳步提升的"稳定器"和"压舱石"，为实施新一轮千亿斤粮食产能提升行动赢得了历史主动。

央广网：实施新一轮千亿斤粮食产能提升行动，我们要从哪些方面发力？

张琦：第一，提高粮食综合生产能力是提升千亿斤粮食产能的关键，耕地和种子则是这一关键的两个要害。一方面，要坚决守住18亿亩耕地红线，逐步把永久基本农田全部建成旱涝保收、高产稳产的高标准农田，并深入挖掘主产区之外的其他类型土地潜在产力。另一方面，我们要高质高效、有力有序推进种业振兴，加快种业科技攻关，做好品种培育，把当家品种牢牢攥在自己手里。

第二，我们要通过科技创新、政策完善、观念更新、责任考核等多措并举全面完善粮食产能提高机制。科技创新是提升千亿斤粮食产能的根本动力，推动农业科技进步刻不容缓。政策完善是提升千亿斤粮食产能的重要保障，要健全种粮农民收益保障机制和主产区利益补偿机制，要构建起涵盖粮食价格、收入补贴、作物保险的综合扶持体系，确保农民种粮收益，充分调动农民务农种粮积极性和地方重农抓粮积极性。观念更新是提升千亿斤粮食产能的锦囊妙计，要树立大食物观，构建多元化食物供给体系，多途径开发食物来源。责任考核是提升千亿斤粮食产能的有力抓手，既要全面落实粮食安全党政同责，贯彻落实粮食安全党政同责规定配套考核办法，又要严格考核，督促各地真正把保障粮食安全的责任扛起来。

(来源：央广网　2023年12月30日)

后　　记

这是自 2020 年以来持续出版的《中国乡村振兴理论与政策热点评论》系列的第三本，也正好是我从 2003 年到北京师范大学从事教学科研人才培养和服务国家社会发展的第 20 个年头。

岁月如梭，眨眼即走，回望 20 年历程，不惑之年，重新回归校园还有些不适，但重操研究旧业，并且进入到高等院校智库研究，我感到很幸运。尤其幸运的是，有李晓西教授和李实教授等著名经济学家近距离的指点和支持，也有像关成华这样的好领导和经济与资源管理研究院培养成长的一批青年才俊的共同努力，大家共同接续为中国市场经济发展、绿色经济发展和乡村振兴作出了一点微小的贡献。

20 年来，自从进入到北京师范大学经济与资源管理研究院这个以服务国家重大发展战略为己任的团队后，我时常感到欣慰。尤其要感谢经济与资源管理研究院，感谢北京师范大学所有关心支持指导和鼓励我的校领导和主管部门领导及老师，是他们的支持让原只有我孤身一人的中国扶贫研究院变成现在小有规模的中国乡村振兴与发展研究中心，并在国家脱贫攻坚和乡村振兴战略中贡献了一份力量，这一切都离不开北京师范大学的关心支持和培育。当然要特别感谢北京师范大学中国乡村振兴与发展研究中心这个小小的研究团队，感谢现在和曾经在中国扶贫研究院和中国乡村振兴与发展研究中心的老师、博士后、博士和硕士们，正是你们的辛勤努力才让一个又一个、一年又一年的研究任务得以完成。感谢诸多经济学家、减贫和乡村振兴领域专家的长期指导、鼓励和支持。感谢经济日报出版社在出版过程中的辛勤劳动、细心认真的精神。

张　琦

2024 年 9 月 25 日于北京师范大学